부를 끌어당기는
백만장자
마인드

SUGOI! OKANEMOCHI CHANGE
ⓒ Shigetomo Morise 2020

First published in Japan 2020 by KADOKAWA CORPORATION, Tokyo.
Korean translation rights arranged with KADOKAWA CORPORATION, Tokyo
through BC Agency.

이 책의 한국어판 저작권은 BC에이전시를 통해 저작권자와 독점계약을 맺은 율리시즈에 있습니다.
저작권법에 의해 한국 내에서 보호를 받는 저작물이므로 무단전재와 복제를 금합니다.

부를 끌어당기는
백만장자 마인드

미래를 바꾸는 백만장자의 말, 사고, 행동, 습관

모리세 시게토모 지음 | 이민연 옮김

율리시즈

글을 시작하며

이 책으로 처음 인사드리는 여러분, 저는 모리세 시게토모입니다. 보통은 모게 씨로 불리고 있습니다.

'몸이 부서져라 일하는데 도무지 부자가 될 것 같지 않다.'
'엄청난 돈과 시간을 들여 공부했지만 성공하기 어렵다.'
'기회의 법칙을 배웠지만 아직 행복해지지 못했다.'

부끄럽게도 과거 가난하고 빚에 허덕이던 제가 이런 상태였습니다. 그런 제가 '행복한 억만장자'로 불리게 된 지금 알게 된 사실이 있습니다.

이 세상에는 절대적인 '이치'라고 할까, '우주의 섭리' 같은 것이 있습니다. 바꿔 말하면 이 세상에 존재하는 모든 것에는 '일정한 법칙'이나 '성질'이 존재한다는 사실입니다.

그것은 소리나 빛과 같은 자연 현상에도 존재하는데, 그러한 법칙이나 성질을 이용해서 우리 인간은 텔레비전이나 전화 같은 편리한 도구를 발명할 수 있었습니다.

그와 마찬가지로 부자가 되거나 행복해지는 현상에도 일정한 법칙이 존재하며, 그것을 응용하면 누구나 부자가 될 수도, 행복해질 수도 있습니다.

실제로 엄청난 빚을 지고 있던, 이루 말할 수 없이 가난했던 제가 지금은 연간 수억을 쉽게 벌 수 있게 된 것도 전부 그 덕분입니다. 뿐만 아니라 한 달의 절반은 일하지 않고 가족과 행복하게 지내며, 남은 절반도 하루에 2~4시간 한 손에 샴페인을 들고 즐겁게 일하고 있습니다.

게다가 제 고객들에게도 그러한 법칙과 성질을 알려드리고 실천하게 하자 똑같은 일이 일어났습니다.

- 즐겁고 편하게 일하는 것은 당연! 월 최고 1,000만 엔, 연간 3,000만 엔! 두 아이의 엄마면서 석 달에 한 번은 해외여행을 할 수 있는 돈과 시간과 정신적인 자유를 손에 넣었다.
- 두 살 된 아이를 키우면서 6개월 만에 매출 1,500만 엔 달성! 후쿠오카와 도쿄의 듀얼 라이프를 실현함.

- 월매출 800만 엔! 세 자녀를 키우면서 세계 곳곳을 누비게 되었다.
- 창업을 포기하고 다시 아르바이트나 할까 생각하던 주부가 두 달 만에 월 300만 엔의 수익을 올리고, 나아가 반년 만에 월 수익 500만 엔을 달성!
- 빚투성이 가난한 삶에서 월매출 100만 엔을 유지할 수 있게 되고, 영국에 염원하던 집을 구입할 수 있었다.

이 밖에도 '파트너의 수입이 2배가 되었다'거나 '1,000만 엔의 임시 수입을 얻었다', '엉켜 있던 부부 관계가 서로를 진심으로 존경하게 되어 행복해졌다', '멋진 파트너를 찾게 되었다'는 등 많은 분들이 스스로의 힘으로 행운과 성공을 거머쥐었습니다.

이 책에서는 빚에 허덕이던 제가 '행복한 억만장자'로 불리게 된 성공 법칙을 네 가지 항목으로 나누어 설명했습니다.

인간은 좀처럼 자기 성질을 바꾸기 어렵습니다.
하지만 사용하는 말을 바꾸면 사고가 바뀝니다.

사고가 바뀌면 행동이 바뀝니다.
행동이 바뀌면 습관이 바뀝니다.
습관이 바뀌면 성격이 바뀌고, 인생이 그리고 미래가 바뀝니다.

이 책을 펼친 순간부터 당신의 변화는 시작됩니다.
행복한 억만장자의 세계에 오신 걸 환영합니다!

모리세 시게토모(모게)

차례

글을 시작하며 p. 5

제1장
부자가 되려면 말하는 법을 바꾼다

가난한 사람 vs 부자의 말의 차이 1 p. 20
조언을 받으면
가난한 사람은 "열심히 하겠습니다!"라고 말하고
부자는 "무엇무엇(구체적인 행동)을 하겠습니다!"라고 말한다.

가난한 사람 vs 부자의 말의 차이 2 p. 24
가난한 사람은 현재에 대한 불만만 이야기하고
부자는 현재를 바꾸기 위해 자신의 행동을 고치려 한다.

가난한 사람 vs 부자의 말의 차이 3 p. 28
가난한 사람은 자신을 불행하게 하는 말을 하고
부자는 자신을 행복하게 하는 말을 한다.

가난한 사람 vs 부자의 말의 차이 4 p. 34
가난한 사람은 '어떻게 하면 돈을 벌 수 있을까?'를 자문하고
부자는 '어떻게 하면 즐겁게 돈을 벌어
모두를 기쁘게 할 수 있을까?'를 자문한다.

가난한 사람 vs 부자의 말의 차이 5 p. 38
가난한 사람은 쉽게 돈 버는 일을 '나쁘다'라고 생각하고
부자는 쉽게 돈 버는 일을 '당연하다'라고 생각한다.

가난한 사람 vs 부자의 말의 차이 6 p. 42
가난한 사람은 타인을 질투하면서 자신을 비하하고
부자는 타인을 향한 질투를 통해 자신의 가능성을 발견한다.

가난한 사람 vs 부자의 말의 차이 7 p. 46
가난한 사람은 일을 '열심히 하면 돈을 받을 수 있는 수행'이라고 생각하고
부자는 '정답을 맞히면 돈을 받을 수 있는 게임'이라고 생각한다.

가난한 사람 vs 부자의 말의 차이 8 p. 50
불만이 생기면
가난한 사람은 그저 푸념만 늘어놓고
부자는 불만의 원인을 바꾸려 한다.

부자와 가난한 사람의 말의 차이 9 p. 54
가난한 사람은 자기중심적으로 살고
부자는 자기 자신답게 살려고 한다.

가난한 사람 vs 부자의 말의 차이 10 p. 58
상대의 말을
가난한 사람은 자기 부정의 도구로 사용하고
부자는 자신을 높이는 에너지로 바꾼다.

✦ 부자가 되는 놀라운 변화! 모게 칼럼 1　p. 62
　나를 변화시킨 말

✦ 부자가 되는 놀라운 변화! 체험담 1　p. 65
　나를 변화시킨 모게 씨의 말

제2장
부자가 되려면 사고를 바꾼다

가난한 사람 vs 부자의 사고의 차이 1　p. 70
가난한 사람은 돈보다 사랑을 중시하고
부자는 사랑을 위해 돈을 번다.

가난한 사람 vs 부자의 사고의 차이 2　p. 74
가난한 사람은 돈을 재산으로 생각하고
부자는 자신을 재산으로 생각한다.

가난한 사람 vs 부자의 사고의 차이 3　p. 78
가난한 사람은 '돈이 없으면 행복해질 수 없다'라고 생각하고
부자는 돈이 없었을 때도 '나는 행복하다'라고 생각한다.

가난한 사람 vs 부자의 사고의 차이 4   p. 82
가난한 사람은 돈이 돌지 않는다고 불평하고
부자는 돈이 돌고 있는 곳에서 일한다.

가난한 사람 vs 부자의 사고의 차이 5   p. 86
업무에 관한 생각
가난한 사람에게는 힘드니까 가능하면 하고 싶지 않은 일
부자에게는 하면 할수록 원하는 것을 가질 수 있는 즐거운 일

가난한 사람 vs 부자의 사고의 차이 6   p. 90
가난한 사람은 사람의 단점을 찾는 데 능하고
부자는 사람의 장점을 찾는 데 능하다.

가난한 사람 vs 부자의 사고의 차이 7   p. 94
'성공률 10퍼센트'라는 말을 들었을 때
가난한 사람은 '10명 중 1명만 성공할 수 있다'라고 생각하고
부자는 '10번 시도하면 100퍼센트 성공한다'라고 생각한다.

가난한 사람 vs 부자의 사고의 차이 8   p. 98
인간관계의 변화에 대해
가난한 사람은 사람이 떠나가는 걸 두려워하고
부자는 새로운 배움을 위해 사람에게서 떠난다.

가난한 사람 vs 부자의 사고의 차이 9   p. 102
가난한 사람은 자신의 불행에 집중하고
부자는 자신의 행복에 집중한다.

가난한 사람 vs 부자의 사고의 차이 10 p. 106
가난한 사람은 자신의 손에 닿지 않는 성공을 욕심내고
부자는 자신의 손이 닿는 성공을 이뤄 나간다.

✦ 부자가 되는 놀라운 변화! 모게 칼럼 2 p. 110
　나를 변화시킨 사고

✦ 부자가 되는 놀라운 변화! 체험담 2 p. 113
　나를 변화시킨 모게 씨의 말

제3장
부자가 되려면 행동을 바꾼다

가난한 사람 vs 부자의 행동의 차이 1 p. 118
가난한 사람은 자신의 가치 이상으로 돈을 쓰고
부자는 자신의 가치 이상으로 돈을 번다.

가난한 사람 vs 부자의 행동의 차이 2 p. 122
사용하지 않는 물건이 있으면
가난한 사람은 '다시 사용하게 될지도 모른다'라며
버리지 않아 방을 어지럽히고
부자는 '필요하면 또 사면 된다'라며 처분하기 때문에 방이 깔끔하다.

가난한 사람 vs 부자의 행동의 차이 3   p. 126
'행복의 문' 앞에서
가난한 사람은 그 문이 '행복의 문'인지 '불행의 문'인지 고민하고
부자는 열어봐야 알 수 있다며 주저 없이 문을 연다.

가난한 사람 vs 부자의 행동의 차이 4   p. 130
가난한 사람은 실패가 두려워 도전하지 못하고
부자는 경험이 재산이라 생각해 기꺼이 도전한다.

가난한 사람 vs 부자의 행동의 차이 5   p. 134
가난한 사람은 자신이 하고 싶은 일에 집착하고
부자는 돈이 되는 일을 중시한다.

가난한 사람 vs 부자의 행동의 차이 6   p. 138
처음 경험하는 일에 대해
가난한 사람은 '자신이 없다'며 포기하고
부자는 '자신 없는' 일에 대한 사전준비를 철저히 한다.

가난한 사람 vs 부자의 행동의 차이 7   p. 142
'낮은 학력'에 대해
가난한 사람은 콤플렉스를 느끼고
부자는 신경 쓰지 않고 관심도 없다.

가난한 사람 vs 부자의 행동의 차이 8   p. 146
가난한 사람은 가난한 행동을 하기 때문에 가난해지고
부자는 풍요로운 행동을 하기 때문에 계속 풍족하다.

가난한 사람 vs 부자의 행동의 차이 9 p.150
일이 뜻대로 풀리지 않아 막막해지면
가난한 사람은 일을 바꿀까 생각하고
부자는 인생을 점검한다.

가난한 사람 vs 부자의 행동의 차이 10 p.154
가난한 사람은 아무것도 바꾸지 않은 채 끌어당김을 마냥 기다리고
부자는 행동의 결과, 끌어당김을 일으킨다.

✦ 부자가 되는 놀라운 변화! 모게 칼럼 3 p.158
   나를 변화시킨 행동

✦ 부자가 되는 놀라운 변화! 체험담 3 p.163
   나를 변화시킨 모게 씨의 말

제4장
진짜 행복한 부자가 되는 습관

가난한 사람 vs 부자의 습관의 차이 1 p.168
가난한 사람은 모두와 사이좋게 지내려 하고
부자는 교제할 사람을 확실하게 정한다.

가난한 사람 vs 부자의 습관의 차이 2 p.172
가난한 사람은 상황에 따라 표정을 바꾸고
부자는 항상 웃는다.

가난한 사람 vs 부자의 습관의 차이 3   p. 176
가난한 사람은 인내하거나 희생해서 무언가를 얻으려 하고
부자는 오직 즐거운 일, 하고 싶은 일에 집중한다.

가난한 사람 vs 부자의 습관의 차이 4   p. 180
가난한 사람은 자신에게 주는 것은 뭐든 받고
부자는 자신에게 필요한 것만 받는다.

가난한 사람 vs 부자의 습관의 차이 5   p. 184
가난한 사람은 내일 할 일을 생각하면 우울해지고
부자는 내일 할 일을 생각하면 두근거린다.

가난한 사람 vs 부자의 습관의 차이 6   p. 188
음식이 남으면
가난한 사람은 '남기면 아깝다'면서 먹어치우고
부자는 '억지로 먹을 필요는 없다'면서 남긴다.

가난한 사람 vs 부자의 습관의 차이 7   p. 192
가난한 사람은 인간관계에 스트레스를 느끼고
부자는 스트레스를 느끼는 인간관계에서 졸업한다.

가난한 사람 vs 부자의 습관의 차이 8   p. 196
가난한 사람은 상대방의 취향에 자신을 맞추고
부자는 자신을 좋아하는 사람과 사귄다.

가난한 사람 vs 부자의 습관의 차이 9   p.200
　가난한 사람은 "어떻게 하면 성공할까요?"라고 묻고
　부자는 "오늘부터 어떤 습관을 들이면 성공할까요?"라고 묻는다.

가난한 사람 vs 부자의 습관의 차이 10   p.204
　가난한 사람은 노력하면 안 될 것이 없다는 정신론에 집중하고
　부자는 일류 전문가와 상담해서 즉시 실행한다.

✦ 부자가 되는 놀라운 변화! 모게 칼럼 4   p.208
　나를 변화시킨 습관

✦ 부자가 되는 놀라운 변화! 체험담 4   p.212
　나를 변화시킨 모게 씨의 말

글을 마치며   p.215

제1장

부자가 되려면
말하는 법을
바꾼다

가난한 사람 vs 부자의 말의 차이 1

조언을 들으면

가난한 사람은
"열심히 하겠습니다!"라고 말하고,
부자는
"무엇무엇(구체적인 행동)을 하겠습니다!"
라고 말한다.

지금까지 다양한 고객을 대상으로 컨설팅을 진행하고, 많은 분들이 연매출 2,000만 엔이 넘는 성공자(경제적 성공뿐만 아니라 정신적으로도 행복해진 사람을 나는 이렇게 부릅니다)가 되었습니다.

그러나 유감스럽게도 같은 내용의 컨설팅을 해도 '성공하는 사람'과 '실패하는 사람'이 있습니다.

과연 그 차이는 어디에서 오는 걸까요?

'실패하는 사람'은 컨설팅의 마지막 단계에서 거의 이렇게 말합니다.

"열심히 하겠습니다!"

저는 그런 사람에게는 꼭 이렇게 묻습니다.

"뭘 열심히 할 건데요?"

실패하는 사람은 자기가 할 일이 명확하지 않아 뭘 해야 할지 모르기 때문에 일단 '열심히 하겠다!'라며 '노력'과 '꿈'이라는 말로 도망쳐버립니다.

유감스럽게도 지금껏 저는 "열심히 하겠다!"라고 말하고 성공한 사람을 본 적이 없습니다.

'노력은 반드시 보답받는다'라고들 하지만 '보답받지 못하는 노력'도 있습니다. 왜냐하면 잘못된 노력은 결코 성공으로 이어지지 않기 때문입니다. 수영을 잘하고 싶은 사람이 야구 연습만 해서는 절대로 성공하지 못하는 것과 마찬가지입니다.

제 컨설팅을 받고 1년에 2,000만 엔 이상을 벌 수 있게 될 사람은 "오늘부터 무엇무엇(구체적인 행동)을 하겠습니다"라고 확실하게 선언할 수 있는 사람입니다.

이렇게 선언하면 무엇을 해야 할지 명확히 알게 될 뿐만 아니라 자기 자신과의 약속도 됩니다. 또한 그 말을 들은 이가 그전에 해야 할 일이나 주의사항도 조언할 수 있기 때문에 성공으로 나아가는 속도가 압도적으로 빨라집니다.

행복한 부자가 되는 말 1

성과를 내려면
'노력'이나 '꿈'이라는 말로 도망치지 말고
자신과 상대에게
구체적인 행동을 말로 표현하라.

가난한 사람 vs 부자의 말의 차이 2

가난한 사람은
현재에 대한 불만만 이야기하고
부자는
현재를 바꾸기 위해 자신의 행동을 고치려 한다.

제 고객 중에는 월수입 100만 엔을 넘는 분이 많습니다만, 그들 대부분이 처음부터 그런 수입을 올릴 수 있었던 것은 아닙니다.

월수입 30만 엔이었던 사람도 있었고 10만 엔이었던 사람도 있었지요. 심지어는 수입이 전혀 없었거나 마이너스였던 경우도 있었습니다.

그런 사람들이 어떻게 100만 엔이 넘는 월수입을 올릴 수 있게 되었을까요?

여기에는 '한 가지 공통점'이 있습니다.

간단히 말해 월수입 100만 엔이 안 되는 사람은, 즉 '월수입 100만 엔과 어울리지 않는 사람'인 것입니다.

기본적으로 사람에게는 그 자신과 어울리지 않는 일은 일어나지 않습니다. 그렇다면 '월수입 100만 엔이 어울리지 않는 사람'은 어떤 사람일까요? 바로 '불평불만을 늘 달고 사는 사람'입니다.

지금까지 많은 고객의 성장과 성공을 지켜봐왔습니다만, 성공하는 사람은 월수입이 적거나 일이 잘 풀리지 않더라도 불평하지 않습니다. 불평불만은 결국 주위를 탓하거나 또는 자신을 탓하는 행동입니다.

　누군가를 원망하는 동안 행복해질 수 없는 것처럼, 무언가에 대한 불평불만을 멈추지 않는 한 성장도, 성공도 기대할 수 없습니다.

　그렇다면 한 달에 100만 엔을 버는 사람은 일이 잘 풀리지 않을 때 어떻게 할까요?

　남 또는 자신을 탓하지 않고 그저 자신의 행동을 되돌아보고 고칠 뿐입니다. 멘토의 조언을 따를 뿐입니다. 그리고 몇 번을 실패하건 그때마다 다시 일어설 뿐입니다.

　남 또는 자신을 탓해봤자 시간 낭비일 뿐 아무 이득이 없다는 사실을 잘 압니다.

　물론 의기소침해질 때도 있긴 하지요. 하지만 그런 시간도 압도적으로 짧습니다(가장 짧은 사람은 2초!).

행복한 부자가 되는 말 2

불평불만은 불행을 부르는 말.
행복한 부자에 어울리는 것은
상대와 자신 모두를
즐겁고 행복하게 만드는 말.

가난한 사람 vs 부자의 말의 차이 3

가난한 사람은
자신을 불행하게 하는 말을 하고
부자는
자신을 행복하게 하는 말을 한다.

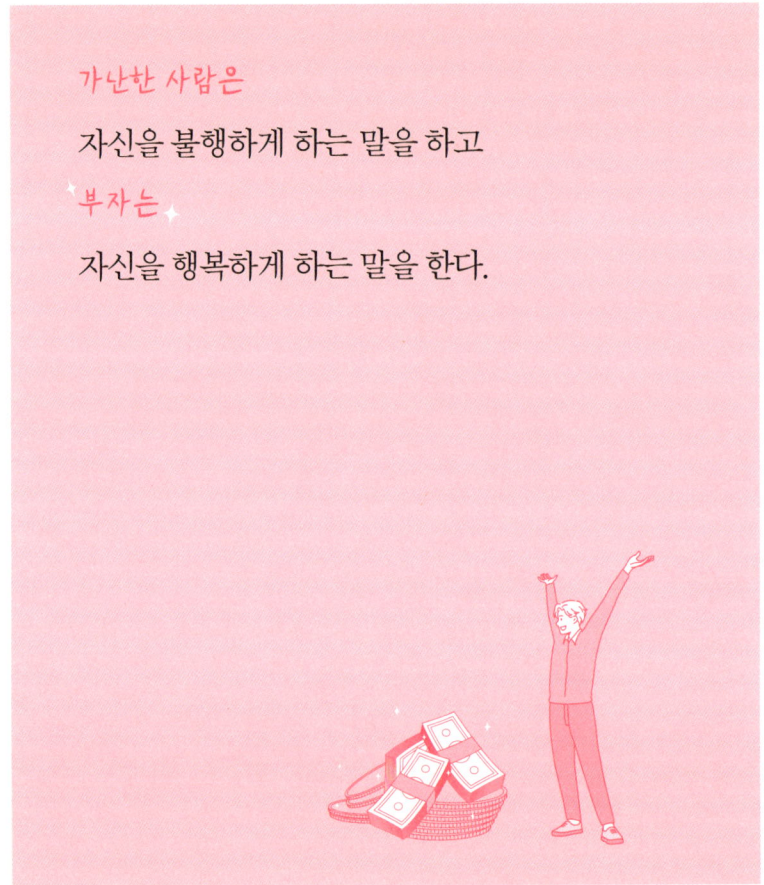

"나는 운이 나빠" 혹은 "나는 돈이 없어"가 입버릇이 된 사람이 있습니다.

그중에는 심지어 자신의 불행을 자랑하는 사람도 있지요. 그런 말버릇은 당장 버리는 것이 좋습니다.

저는 '운이 나쁘다', '돈이 없다'라고 입버릇처럼 말하는 사람치고 나중에 운이 좋아지거나 부자가 되는 경우를 한 번도 본 적이 없으니까요.

게다가 그런 말을 항상 가장 가까이에서 듣는 사람은 바로 자신입니다. 다시 말해 스스로 '운이 나쁘다', '돈이 없다'라고 정해놓는 것과 다름없습니다. 자신의 미래를 자기 자신이 직접 불행한 쪽으로 결정해버리는 것이지요.

평소 사용하는 말이 그 사람을 만듭니다. 그러므로 말할 때는 세심한 주의가 필요합니다.

운을 좋게 만들기 위해서는 '나는 운이 좋다'라는 사실을 깨달으면 됩니다.

부자가 되려면 '나는 이미 풍족하다'라는 사실을 깨달으면 됩니다.
　　이렇게 말하면 사람들은 대부분 이해하지 못하는데, 그럼 저는 이렇게 물어봅니다.

　　"운이 나빴다거나 돈이 없다는 말을 입에 달고 사는데, 그렇다면 지금까지 어떻게 밥을 먹고 살았나요?"
　　"갓 태어나 아무것도 할 수 없는 갓난아기였던 당신이 지금까지 어떻게 살아남을 수 있었나요?"
　　"당신의 기저귀를 하루에 몇 번씩이나 갈아준 사람은 누구였나요?"
　　"당신에게 매일 밥을 먹여준 사람은 누구였지요?"
　　"당신이 병에 걸렸을 때 누구보다 걱정해준 이는 누구였습니까?"

　　당신이 어찌 생각하든, 당신이 지금까지 살아올 수 있었던 것은 당신의 행복을 바라는 사람이 주위에 반드시 있었기 때문입니다. 그런 사람들을 위해서라도 멋대로 스스로를 불행하게 만들지 마세요. 항상 당신의 행복을 바라는 사람이 슬퍼할 테니까요.

　　스스로를 불행하게 만드는 사람은 항상 심각한 표정을 하고 있지만, 인생은 그렇게 어렵지 않습니다. 먼저 자신과 주위사람들 모두가 기뻐할 수 있는 일을 한다면 반드시 행복해질 수 있습니다.

제 말을 믿지 못하겠다면 오늘부터 자신과 주위사람들 모두 기뻐할 일을 시도해보세요. 인생이 놀라울 정도로 달라질 겁니다.

인생은 먼저 자신의 행동을 바꾸는 것이 중요합니다! 자동판매기조차 먼저 돈을 넣지 않으면 음료수가 나오지 않으니까요.

행복한 부자가 되는 말 3

인생은 그렇게 어렵지 않다.
말버릇을 바꾸면
내 주변에서 일어나는 일들도
쉽게 바꿀 수 있다.

가난한 사람 vs 부자의 말의 차이 4

가난한 사람은
'어떻게 하면 돈을 벌 수 있을까?'를 자문하고
부자는
'어떻게 하면 즐겁게 돈을 벌어
모두를 기쁘게 할 수 있을까?'를 자문한다.

지금이야 주위사람들에게 항상 즐거워 보인다거나 행복해 보인다는 말을 들으며 일하고 있습니다만, 저도 예전에는 비즈니스에서 고전하고 과로로 쓰러지는 바람에 일을 못했던 적도 있습니다.

'그때는 왜 그렇게 일이 잘 안 풀렸을까?'

지금 돌이켜보니 여러 가지 이유를 깨닫게 됩니다. 그중에서도 가장 중요한 것은 이것입니다.

'나 자신을 향한 질문이 잘못되어 있었구나.'

회사를 나와 창업했을 때 스스로에게 던진 질문은, 지금 와서 생각하면 부끄럽습니다만, 당시 머릿속에는 한 가지 생각밖에 없었습니다.

'어떻게 하면 돈을 벌 수 있을까?'

인간의 뇌는 우수하면서도 단순해서, 무언가를 질문하면 그에 대한 답을 마치 검색 엔진처럼 찾아줍니다. 다만 여기서의 문제는 '돈을 벌 수 있을지는 모르지만, 돈을 벌기 위해 쓰러질 정도의 노동력이 요구되는 방법까지 검색한다'라는 사실입니다. 그 결과 저는 확실히 돈은 벌게 되었지만, 과로로 쓰러져버리고 말았지요.

그래서 저 자신을 향한 질문을 이렇게 바꾸었습니다.

'어떻게 하면 즐겁고 편하게 돈을 벌고, 모두에게 기쁨을 줄 수 있을까?'

대다수의 사람들은 이렇게 자문하지 못합니다. 그 이유는

'즐거운 일만 해서는 안 돼.'
'편한 일로는 돈을 벌 수 없어.'
'쉽게 돈 버는 일은 뭔가 문제가 있는 거야.'

이러한 생각이 각인돼 있기 때문입니다. 심지어 그중에는 '모두에게 기쁨을 주기 위해서는 자기희생이 필요해'라는 잘못된 인식, 혹은 그런 가치관을 가진 사람도 있지요. 애당초 '나는 돈을 벌 수 있는 사람이다'라는 자신에 대한 믿음이 없다면 이 질문은 할 수 없습니다.

행복한 부자가 되는 말 4

지금의 자신을 바꾸고 싶다면
자신을 향한 질문을 바꿔라.

가난한 사람 vs 부자의 말의 차이 5

가난한 사람은
쉽게 돈 버는 일을 '나쁘다'라고 생각하고
부자는
쉽게 돈 버는 일을 '당연하다'라고 생각한다.

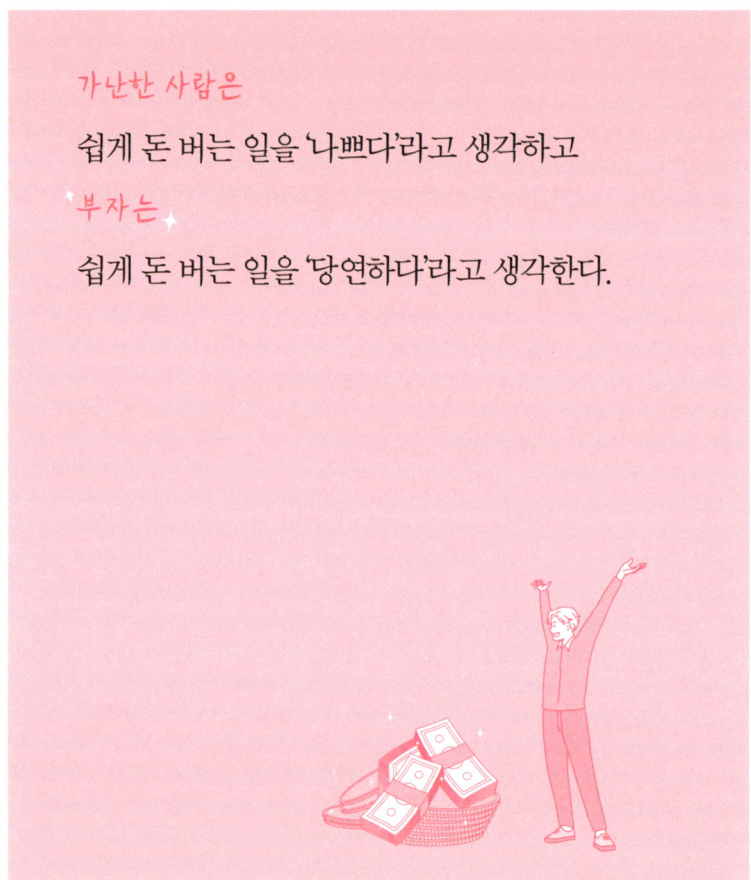

어떤 말을 하는지도 중요하겠지만 애초부터 말에 대한 정의나 의미가 잘못되어 있다는 게 문제입니다.

예를 들어 '쉽게 돈을 번다'라는 전제에 많은 사람들은 부정적인 이미지를 갖고 있습니다. '쉽게 돈을 벌 수 있을 리가 없지'라거나 '쉽게 돈을 버는 사람은 뭔가 불법적인 일, 아니면 불법과 합법의 경계에서 아슬아슬하게 위험한 짓을 하고 있을 게 틀림없어'라는 식이지요.

이런 사람들은 쉽게 돈을 버는 일을 '아무 일도 하지 않고, 잠만 자고 있어도 돈을 벌 수 있는 일'로 생각합니다. 하지만 쉽게 돈을 번다는 것은 '자신의 재능을 살려 돈을 번다'라는 의미입니다.

재능을 찾아내는 방법은 간단합니다.
예를 들어 어릴 때부터 어떤 일로 많이 혼났는지 떠올려보세요. 야단을 맞으면서까지 하고 싶던 일이 있었다면 그것이 바로 당신이 즐겁고 쉽게 할 수 있는 일입니다.

제 경우, 그것은 수다와 독서였습니다. 그래서 지금은 그 재능을 살려 즐겁고 쉽게 돈을 벌고 있습니다.

그럼에도 여전히 "나는 재능 따윈 없어서 돈을 벌 수 없어"라고 말하는 사람이 있겠지요. 하지만 재능이 없는 사람이란 없습니다.

예를 들어 이 책을 읽는 당신은 일본어를 구사할 능력이 있는 것입니다. '일본어를 할 수 있다'라는 것은 훌륭한 재능이며, 해외에 나가면 그 재능만으로도 일을 구할 수 있습니다. '하지만 나는 일본어밖에 못해'라고 생각할 수도 있겠지요. 그러나 실제로 해외에서 일본인을 대상으로 서비스를 제공하는 회사 중에는 일본어만 가능해도 채용하는 곳이 있다니까요! 일본인인 당신에게는 너무도 당연한 일본어 능력이지만, 그 능력을 필요로 하는 사람과 이어진다면 쉽게 돈을 벌 수 있습니다.

수영이 특기인 사람은 수영을 잘하고 싶은 사람을,

화장이 특기인 사람은 화장이 서툰 사람을,

다이어트가 특기인 사람은 다이어트를 지속하지 못해 힘들어하는 사람을,

그런 사람을 찾아간다면 감사 인사를 받으며 쉽게 돈을 벌 수 있을 것입니다.

행복한 부자가 되는 말 5

긍정적인 말도 중요하지만
말 자체를
긍정적으로 받아들이는 자세 또한 필요하다.

가난한 사람 vs 부자의 말의 차이 6

가난한 사람은
타인을 질투하면서 자신을 비하하고
부자는
타인을 향한 질투를 통해
자신의 가능성을 발견한다.

자신의 가능성을 쉽게 발견하도록 도와주는 말이 있습니다.
그것은 바로 '질투'입니다.

당신은 축구 선수 호날두를 질투합니까?
당신은 화가인 피카소를 질투합니까?
당신은 억만장자인 빌 게이츠를 질투합니까?

사람은 자신과 무관하거나 도저히 이길 수 없는 상대는 질투하지 않습니다.
자신도 상대처럼 될 가능성이 있다는 마음에 질투하는 것이지요.
그러므로 만약 누군가를 향한 질투심이 싹튼다면 그 상대를 부러워하거나 자신을 비하하기보다는 '나도 그렇게 될 수 있다'라는 점을 깨닫기 바랍니다.
호날두 선수나 피카소, 빌 게이츠도 아직 자기 재능이 꽃피지 못했을 시절에 일류 선수나 화가, 사업가를 질투하고, 그 질투심을 발판 삼아 자신의 재능을 갈고 닦았을 것이 틀림없습니다.

게다가 질투심은 자신의 내면을 이해하는 계기가 되기도 합니다.

이를테면 연인의 이성 관계에 매우 예민하거나 연인이 다른 이성과 조금이라도 친하게 지내는 걸 심하게 질투하는 사람이 있는데, 이는 자신 안에도 바람기가 있거나 '파트너 외의 이성과 친하게 지내고 싶다'라는 욕구가 있어서 그것이 질투심으로 나타나는 것입니다.

질투심뿐만 아니라 분노와 슬픔 같은 부정적인 감정도 모두 긍정적으로 바꿀 수 있습니다.

그러한 감정들을 부정적인 상태에서 상대를 공격할 무기로 사용하는 것이 아니라 자신에 대한 깨달음을 얻기 위한 긍정적인 도구로 바꾸는 것이 중요합니다.

열등감이나 좌절감도 어떻게 사용하느냐에 따라 당신의 무한한 가능성을 꽃 피우는 말로 바꿀 수 있습니다.

행복한 부자가 되는 말 6

더 높은 목표를 향하는 사람에게
'질투심'과 '향상심'은
같은 의미의 말이다.

가난한 사람 vs 부자의 말의 차이 7

가난한 사람은
일을 '열심히 하면 돈을 받을 수 있는 수행'
이라고 생각하고

부자는
'정답을 맞히면 돈을 받을 수 있는 게임'
이라고 생각한다.

어떤 말을 사용할지도 물론 중요하지만 '말을 어떻게 정의할 것인지'는 더 중요합니다.

예를 들어 일이란 '열심히 하면 돈을 받을 수 있는 수행'이라고 생각한다면 '열심히 해야 한다', '일은 수행, 즉 괴로운 것'이라는 인식이 박혀 '열심히 해야 한다, 괴롭다'라는 굴레에 갇혀버리게 됩니다.

하지만 관점을 바꿔 일을 '정답을 맞히면 돈을 받을 수 있는 게임'이라고 생각하면 질리지 않고 계속할 수 있습니다. 실제로 일은 이 세상에서 가장 굉장한 게임입니다.

왜냐하면 '아키나이飽い(장사, 사업이라는 의미. 질린다는 의미의 아키나이飽きない와 음이 같다-옮긴이)'라고 할 정도니까 질리지 않고, 자신과 타인 모두를 기쁘게 할 수 있습니다. 세계 최고의 갑부조차 질리지 않고 일하고 있을 정도이니 일만큼 재미있는 것은 세상에 없다고 해도 좋겠지요.

정답을 맞히면 대금이나 보수 같은 포상까지 받을 수 있고, 싫증도 나지 않고, 많은 사람을 기쁘게 할 수 있으며, 하면 할수록 배울 수 있는 이렇게 즐거운 일을 싫어하는 사람이 많습니다.

그런데, 그렇게 일을 싫어하는 사람이 많으면 많을수록 일을 좋아하는 사람이 정답을 맞혔을 때의 포상이 커지므로 일은 더욱 재미있어집니다. 게다가 받은 포상, 즉 돈으로 세상에 공헌할 수도 있습니다.

하지만 이상하게도 돈 이야기를 하면 비난을 받곤 합니다.
"나는 비틀즈가 좋아!"라거나 "나는 축구가 좋아!"라고 말하면 순순히 받아들이면서도 "나는 돈이 좋아!"라고 하면 떨떠름한 표정을 짓습니다. 그리고 그런 반응을 보이는 사람일수록 돈이 없습니다.

실제로 돈의 본질을 이해하고 소중히 여기는 사람에게는 반드시 돈이 모입니다. 사람을 아끼고 소중히 여기는 사람 주변에 사람들이 모이는 것과 마찬가지지요.

행복한 부자가 되는 말 7

일을 괴로운 수행으로 만들 것인지
즐거운 게임으로 만들 것인지는
항상 자신에게 달려 있다.

가난한 사람 vs 부자의 말의 차이 8

불만이 생기면

가난한 사람은
그저 푸념만 늘어놓고
부자는
불만의 원인을 바꾸려 한다.

성형이 좋다, 나쁘다를 떠나서 만약 내 얼굴에 불만이 있다면 얼굴을 바꾸어보는 것도 한 가지 방법이 아닐까요? 태어난 그대로의 모습에 고민하기보다는 원하는 대로 바꿔 행복해지는 편이 훨씬 재미있을 테니까요.

 병에 걸려 아플 때는 "병원에 가라"고 말하면서 어째서 외모나 삶을 고민하는 사람에게는 그저 "힘내"라는 한 마디면 충분하다고 생각하는 걸까요?
 "성형은 안 돼"라고 말하면서 "치아 교정은 OK"라고 말하는 세상의 풍조가 저는 어쩐지 이해가 안 됩니다.

 '머리가 나쁘다'고 생각되면 공부하면 됩니다.
 '돈이 없다'면 일을 하면 됩니다.
 '돈이 부족'하면 지출을 줄이거나 돈을 더 벌면 됩니다.

 그렇게 간단한 일도 시도하지 않고 그저 푸념이나 불만만 늘어놓아서는 결코 성공적인 삶을 살 수 없습니다. 누가 뭐라든 당신의 인생이니 원하는 일을 하기 바랍니다. 당신이 행복해질 수 있는 방법도, 당신이 풍요로워질 수 있는 방법도 세상에는 아직 많습니다.

   다만, 아무것도 하지 않는다면 아무것도 바뀌지 않습니다. 너무나 당연한 일이지요.
   푸념만 늘어놓아서는 인생이 나아지지 않는다는 점은 분명합니다. 푸념을 당신과 주위사람 모두에게 기쁨을 주는 말로 바꾸기만 해도 반드시 무언가가 바뀔 것입니다.

   위험부담이 없는 일이라면 일단 시도해보세요. 시도한 만큼 반드시 무언가가 바뀔 것입니다.

행복한 부자가 되는 말 8

바꾸지 않고 고민하기보다는
바꾸고 인생을 즐기는 편이
훨씬 낫다!

가난한 사람 vs 부자의 말의 차이 9

가난한 사람은
자기중심적으로 살고
부자는
자기 자신답게 살려고 한다.

많은 사람이 잘못 이해하거나 착각하고 있는 말이 있습니다.
 '자기중심적'이라는 말과 '자기 자신답게 산다'라는 말인데, 이 둘은 같은 듯하면서도 완전히 다른 의미입니다.

 알기 쉽게 비유하자면 당신이 무인도에 있다고 가정해봅시다. 그 상황에서 당신은 '자기 자신답게' 살 수는 있어도 '자기중심적'으로는 살 수 없습니다. 무인도에 혼자뿐이니 어떤 행동을 하더라도 그것은 '자기중심적'이 될 수 없으니까요.

 무인도에서 홀로 살지 않는 한, 사람은 반드시 누군가의 도움을 받으며 살아갑니다. 아무리 부자라도 혼자 힘으로 집을 짓거나 농사를 지어 먹을거리를 얻거나 옷감을 구해 의복을 만드는 등의 일을 그 누구의 손도 빌리지 않고 살아갈 수 없습니다.
 원시시대였다면 가능했을지도 모르겠습니다. 하지만 요즘 세상에서 누구의 도움도 받지 않고 살아간다는 것은 불가능에 가까운 일입니다.

뭔가를 하려면 반드시 누군가와 관계를 맺어야 합니다. 그러므로 어떤 일을 하기 전에 그것이 '자기중심적'인 일인지, '자기 자신답게 살기 위한 일'인지를 생각하는 습관을 들이면 그 일의 결과도 크게 달라집니다.

행복하게 성공하기 위해서는 '자기 자신답게 사는 것'이 중요합니다. 많은 사람이 '자기 자신만 생각해서는 안 된다'라는 말을 듣고 자라면서 '자기 자신답게 사는 것'과 '자기중심적인 것'을 혼동해왔습니다.

특히 일본 사회는 협조를 중시하기 때문에 자기 자신답게 살기엔 상당히 어려운 환경이라고 할 수 있습니다. 하지만 그래서 더더욱 '자기 자신다운 삶을 통해 성공'하는 사람이 필요합니다. 그런 사람이 늘어나 '자기 자신다운 삶'을 당연시하는 사회가 된다면 행복한 성공자는 더 많이 늘어나겠지요.

그러므로 안심하고 자기 자신답게 사세요. 자기 자신답게 사는 사람 중에 불행한 사람은 없으니 말입니다.

행복한 부자가 되는 말 9

타인을 향한 배려와
상냥한 마음이 있다면
자기 자신답게 살아도 타인의 호감을 산다.

가난한 사람 vs 부자의 말의 차이 10

상대의 말을

가난한 사람은
자기 부정의 도구로 사용하고
부자는
자신을 높이는 에너지로 바꾼다.

다양한 분들을 상담하는 과정에서 가끔 '이분이 정말로 원하는 것은 무엇일까?' 하고 생각하게 만드는 이가 있습니다. 예를 들면 "전 칭찬을 받으면 성장하는 타입이에요"라고 말하기에 칭찬을 하면 "아니, 그렇지 않아요"라고 대번에 자신을 부정합니다.

혹은 "전 제 자신이 싫어요"라고 하기에 "그럼, 그렇게 본인을 아끼지 말고 뭐든지 도전해서 실패하면 되지 않습니까?"라고 말했더니 바로 수비태세로 돌아서 자신을 방어하며 과보호하는 겁니다. 그런 이에게는 "결국 자기 자신을 너무 좋아하는 것 아니냐!"라고 따져 묻고 싶어지지요.

사람은 누구나 자신이 부정당하는 걸 싫어하고, 타인에게 인정받고 싶어 합니다. 그러면서도 현재의 자신을 인정하려 들지 않기 때문에 큰 모순이 생기면서 앞서 언급한 그런 일들이 일어나는 것이지요. 하지만 이것이야말로 '행복한 성공자'가 되기 위한 '열쇠'입니다.

'모든 사람은 타인에게 부정당하고 싶어 하지 않는다. 인정받고

싶어 한다.'

이 점을 잘 활용하면 누구나 쉽게 '행복한 성공자'가 될 수 있습니다.

먼저 자신을 인정하고 칭찬합시다. 자신을 칭찬하면 그만큼 셀프이미지가 높아져 스스로 자신의 에너지를 높일 수 있습니다. 그렇게 되면 상대가 어떤 말을 하더라도 자신의 에너지가 줄지 않고(상처 입지 않고) 오히려 상대의 말을 긍정적으로 바꿀 수도 있습니다.

다음은 상대를 인정하고 칭찬합시다.

사람은 자신을 인정해주는 존재를 소중히 여깁니다. 적어도 공격하지는 않습니다. 다시 말해 당신이 주위사람을 인정하고 칭찬하면, 주변의 적은 사라지고 아군과 좋은 협력자만 남게 되는 것이지요. 그렇게 되면 성공은 저절로 따라올 것입니다.

행복한 부자가 되는 말 10

항상 자신을 인정하고 칭찬하라.
항상 상대를 인정하고 칭찬하라.

부자가 되는 놀라운 변화! 모게 칼럼 /
나를 변화시킨 말

 서문에서도 잠깐 언급했지만, 저는 한 달의 절반은 도쿄 도내에 있는 고급 호텔에 묵으며 럭셔리한 공간에서 개인 세션이나 세미나를 개최하고 있습니다.

 세미나는 도쿄뿐만 아니라 하와이나 발리, 싱가포르나 두바이 등에서 개최하기도 하며, 그렇게 이동하는 데 드는 여행비용만 1년에 2,000만 엔이 넘습니다. 실제로 일하는 시간은 하루 2~4시간 정도로, 그 시간에도 한 손에 샴페인을 들고 즐겁게 일하고 있지요. 나머지 절반은 나가사키 집에서 가족과 함께 시간을 보내며 책을 읽거나 제가 좋아하는 일을 하며 지냅니다.

지금은 이렇듯 시간과 돈에 여유가 있고 많은 사람들과 교제하며 생활하고 있지만, 처음부터 풍족했던 것은 아닙니다.

첫 직장에서 받은 급여는 13만 엔. 성실하게 열심히 일했지만 인간관계가 원만하지 않아 반년 만에 회사가 운영하는 매장 세 곳에서 쫓겨났고, 사장에게는 "여기서 쫓겨나면 다음은 없어"라는 경고까지 듣고 말았지요.

그런 저를 구원해준 것은 책이었습니다. 당시에는 책을 살 돈도 없어서 도서관에서 빌려 읽었습니다. 도서관에 갈 때마다 한 번에 대출 가능한 10권의 책을 빌리고, 반납 기한을 정확히 지켰기 때문에 도서관 직원과는 꽤 가까운 사이가 되었지요. 읽고 싶은 책을 신청하면 흔쾌히 구입해줘서 공짜로 많은 책을 읽고 많은 것을 배울 수 있었습니다.

덕분에 회사 직영점의 총괄매니저가 될 수 있었고, 그 후에도 다양한 문제에 직면했지만 그때마다 책에서 배운 것과 조언에 힘입어 지금의 성공을 이룰 수 있었습니다.

그리고 또 하나, 저를 지탱해준 것은 아내의 말이었는데요, 일이 잘 풀리지 않아 어떻게 해야 할지 고민하고 있을 때였습니다. 돈이 없으니 세상에서 가장 소중한 아내도 행복하게 해줄 수 없었습니다. 하지만 그렇다 해도 저는 사람에게 기쁨을 주고, 저 자신도 기뻐할 수 있는 일을 하고 싶었지요. 그래서 큰맘 먹고 아내에게 고백했습니다.

"나는 와라이프WaLife(삶에 대한 오해를 깨닫고 어깨의 짐을 전부 내려놓음으로써, 진심으로 웃을 수 있는 일상을 만든다)의 삶을 누리며 비즈니스를 하고 싶어. 그래서 생활이 힘들어진다면 아르바이트건 뭐든 할 테니, 도전하고 싶어."

제 고백에 아내가 해준 말을 지금도 잊지 못합니다.

"당신은 당신이 즐거운 일을 하면 돼. 돈은 내가 벌 테니 걱정 말아요."

그 말에 눈물이 날 정도로 기뻤습니다. 그리고 그로부터 '행복한 억만장자를 향한 호쾌한 진격'이 시작되었지요.

부자가 되는 놀라운 변화! 체험담 /
나를 변화시킨 모게 씨의 말

N·S씨(파트너십 컨설턴트)

　　모게 씨와는 2016년 1월에 처음 만났는데, 지금도 기억이 생생합니다.
　　당시는 퇴사 후 3개월 만에 창업한 컨설팅 사업에서 승승장구하여 월매출 100만 엔을 달성한 상황이었습니다. 그러나 고객의 상담 신청이 점차 줄어들기 시작해 '비즈니스의 지속적인 발전'에 한계를 느끼고 있었습니다.
　　매일의 세션과 정보 발신, 거기에 당시 두 살, 네 살짜리 아이들의 육아에 쫓기다 보니 미래가 점점 불안하게 다가왔지요. '좋아하는 일을 원하는 때에, 원하는 장소에서, 원하는 만큼' 하겠다는 꿈의 업무 방식을 이뤘으면서도 그것을 즐길 여유도, 자신감도 완전히 잃어

버린 상황이었습니다.

그러나 주위에 호언장담하며 월급쟁이 탈출을 선언하고 창업했기 때문에 그러한 불안과 초조함을 내색할 수 없어 '모든 것이 순조로운 인기 기업가'라는 가면을 뒤집어쓴 채, 서늘한 표정으로 모게 씨의 세미나에 참가했지요.

그런데 모게 씨는 첫 만남에서 대뜸 이렇게 말했습니다.

"그늘이 많군요. 오늘 참가자 중에서 가장 어두워요."

그 한마디에 내 가면은 쉽게 벗겨지고 말았습니다. 그날 마지막에, 여전히 일말의 의심을 거두지 못한 채로, 하지만 한편으론 '이 사람이라면 나를 필요한 방향으로 이끌어줄지도 모르겠다'라고 생각하며 모게 씨의 개별 세션을 신청했습니다.

첫 개별 세션에서 나를 펑펑 울게 만든 지금도 잊을 수 없는 모게 씨의 말.

"S씨는 돈을 계속 벌어야 한다고 생각하고 있죠? 하지만 지금의 S씨는 운 좋게도 돈을 벌지 않아도 살 수 있잖아요? 그러니까 '돈은 벌어도 되고, 벌지 않아도 된다'라고 편하게 생각하세요. 그리고 자신이 즐길 수 있는, 재미있는 일을 하면 돼요."

그 말에 어깨에서 힘이 쭉 빠진 나는 눈물을 뚝뚝 흘리며 펑펑 울었습니다. 그전까지 매월 100만 엔을 벌어야 한다고 기를 쓰며 혼자 괴로워했습니다만, 정작 '100만 엔을 벌지 않아도 곤란한 사람'은 아무도 없었던 것이지요.

신기하게도 '돈은 벌어도 되고, 벌지 않아도 된다'라고 생각하자마자 업무량은 줄었는데 수입은 오히려 늘었습니다! 혼자 아등바등 죽기 살기로 일해야 겨우 월매출 100만 엔을 올릴 수 있었던 것이 모게 씨를 만난 지 두 달 후 월매출 200만 엔을 올렸고, 나아가 월매출 1,000만 엔, 연매출 3,000만 엔을 달성할 수 있게 되었습니다.

모게 씨의 말 중에 지금까지도 가장 인상에 남아 있는 말은 이것입니다.

"제가 컨설팅을 하고 그 대가를 받으면 받을수록 행복한 사람이 많아진다고 생각해요. 그래서 저는 주저 없이 돈을 받는답니다."

나도 그렇습니다만, 일반적으로는 '내가 돈을 받으면 상대의 돈이 줄어든다'라는 생각에 초점을 맞추게 마련입니다. 그래서 돈 받는 것에 죄책감을 갖거나 상대에게 필요 이상으로 주려고들 하지요. 하지만 모게 씨는 달랐습니다.

'내가 돈을 받으면 상대는 기쁨을 받는다'라는 생각에 초점을 맞추고 있습니다.

그래서 '눈앞의 상대가 기뻐할 일'을 소홀히 다루지 않고, 그것을 위해 노력을 아끼지 않으며 프로 의식이 철저합니다. 이 점을 나는 지금까지도 매우 중요하게 생각합니다.

- 내가 돈을 받으면 상대가 행복해진다.
- 상대의 기쁨을 위해 내가 기꺼이 할 수 있는 일에 최선을 다한다.

제2장

부자가 되려면
사고를 바꾼다

가난한 사람 vs 부자의 사고의 차이 1

가난한 사람은
돈보다 사랑을 중시하고
부자는
사랑을 위해 돈을 번다.

텔레비전이나 잡지의 인터뷰에서 탤런트나 가수 등 유명인이 자주 이렇게 말하는 것을 볼 수 있습니다.

"돈보다는 사랑이지요."

결코 이 말에 속아서는 안 됩니다. 이미지 때문에 겉으로는 돈 이야기를 하지 않습니다만, 뒤로는 개런티 협상을 하는 이들이니 말이죠. '돈보다 사랑'이라니, 그런 궁색한 말은 멈추고 돈도 사랑도 마음껏 누릴 수 있어야 합니다.

게다가 돈은 사랑을 지키기 위해서도 필요합니다. 아무리 서로 사랑해서 결혼했더라도 돈이 없으면 생활이 어려워지고, 가난을 참기만 하다가는 반드시 불만이 쌓이면서 사소한 일로 싸우게 되는데, 그런 관계는 대개 3년을 넘기지 못하는 경우가 많습니다.

애당초 '돈과 사랑'은 비교할 수 있는 대상이 아닙니다. 그것은 마치 '밥보다 잠'이라거나 '손보다 발'이라고 말하는 것이나 다름없습니다.

돈도 사랑도 살아가는 데 매우 중요합니다. 게다가 이 세상은 '사랑'과 '돈'을 통해 다양한 배움을 얻도록 이루어져 있습니다.

돈 이야기를 하면 "나쁜 일을 해서라도 돈을 버는 편이 좋을까요?"라거나 "부자는 나쁜 짓을 해서 부자가 된 것 아닌가요?"라고 말하는 사람도 간혹 봅니다.

하지만 그것은 '비즈니스'가 아니라 '범죄'입니다.

물론 불법적인 일로 돈을 번 사람도 있을지 모릅니다만, 그런 일은 결코 오래 지속될 수 없습니다. 나쁜 짓을 해서 돈을 벌었다면 반드시 행한 대로 돌려받게 됩니다. 즉, '원인과 결과의 법칙'이 작용해서 나쁜 짓을 하면 머지않아 나쁜 결과로 연결되게 마련입니다.

굳이 나쁜 짓을 할 필요 없이 당신 안의 사랑에 집중해보세요. 그러면 부자가 될 것입니다. 그것이 세상의 이치니까요.

그것을 위해 필요한 것은 두 가지입니다.

첫째, 나도 상대도 기뻐할 수 있는 일을 한다.
둘째, 주저 없이 돈을 받는다.

행복한 부자가 되는 사고 1

'사랑'과 '돈' 중
하나를 선택하는 것이 아니라
양쪽 모두 손에 넣는 방법을 생각하라.

가난한 사람 vs 부자의 사고의 차이 2

가난한 사람은
돈을 재산으로 생각하고
부자는
자신을 재산으로 생각한다.

돈에 대한 불안은 가난한 사람의 전유물인 것 같지만, 사실은 부자라 해도 돈에 불안을 느끼는 사람은 상당히 많습니다.

돈을 벌면 벌수록 불안이 줄어들 것 같지만, 실제로는 연간 1억 엔, 나아가서는 연간 10억 엔을 버는데도 매일 '돈이 사라지지 않을까' 걱정하는 사람이 있습니다.

이렇게 말하는 저도 사실 옛날에는 항상 돈이 사라질까 봐 걱정했습니다.

돈이 없어질까 걱정하는 사람에게는 공통점이 있습니다.

바로 '돈이 곧 재산이다'라고 생각한다는 점이지요.

돈을 재산으로 생각하는 한, 돈에 대한 걱정은 영원히 결코 사라지지 않습니다. 진정한 재산은 사실 돈이 아니라 돈이 없을 때 그 사람의 곁에 남아 있는 것입니다. 가족, 지식, 지혜, 경험, 건강, 신용, 시간 등, '무슨 일이 생기더라도 이것만 있다면 처음부터 다시 시작할 수 있어'라고 말할 수 있는 그것이 바로 '진정한 재산'입니다. 이

점을 모른다면 아무리 돈을 벌어도 불안해질 수밖에 없습니다.

행복한 부자가 되고 싶다면 '가족, 지식, 지혜, 경험, 건강, 신용, 시간'을 풍요롭게 만들면서 돈을 버는 방법을 생각하시기 바랍니다.

그러면 부자가 되기 이전부터 돈에 대한 걱정이 사라지고, 대신 웃는 날이 늘면서 어느 순간 자신이 행복한 부자가 되어 있음을 깨닫게 될 것입니다.

걱정하지 않아도 당신을 행복한 부자로 만들어줄 재산은 항상 당신 안에 준비되어 있습니다. 지금까지 당신이 그것을 깨닫지 못했을 뿐이지요.

그러나 당신은 지금 진정한 재산을 깨닫게 되었습니다. 이제부터 그것들을 어떻게 활용하시겠습니까?

행복한 부자가 되는 사고 2

내게는
'자신'이라는
엄청난 재산이 있다.

가난한 사람 vs 부자의 사고의 차이 3

가난한 사람은
'돈이 없으면 행복해질 수 없다'
라고 생각하고
부자는
돈이 없었을 때도 '나는 행복하다'
라고 생각한다.

부자가 되었다고 반드시 행복해지는 것은 아닙니다.

　부자가 되기 전부터 행복해질 수 있을지 아닐지는 정해져 있습니다.

　행복한 부자는 부자가 되기 전부터 행복한 사람입니다.

　사실 결혼도 마찬가지입니다. 결혼해서 행복해졌다는 사람은 결혼하기 전부터 행복한 사람입니다. 행복이란 마음의 버릇으로, 그것에는 항상 감사가 함께하니까요.

　감사와 불안은 반비례합니다. 알기 쉽게 말하자면, 감사에 야박한 사람은 불안이 많고 감사가 넘치는 사람은 불안이 적습니다.

　돈은 불안을 정말 싫어해서, 감사할 줄 모르고 불만투성이인 사람에게는 가까이 가지 않고, 매사에 감사하며 좀처럼 불안해하지 않는 사람에게는 기쁘게 모여듭니다.

　사람도 마찬가지입니다. 예를 들어 "노후 생활이 불안정해서 고독사할까 걱정되니 결혼해줘~~!"라는 말을 듣는다면 누구라도 기겁하겠지요. 그보다는 "당신과 함께 있으면 늘 정말 행복해. 언제나 고 말고, 어느새 웃고 있는 나를 깨닫게 돼. 항상 함께 있어줘서 고마워" 라는 말을 듣는 편이 당연히, 단연코 기쁠 것입니다.

그러므로 돈에 대해서도 절대로 불안한 마음으로 돈을 좇거나 돈을 비난해서는 안 됩니다.
행복한 결혼을 하고 싶다면 결혼하기 전부터 행복해져라.
행복한 부자가 되고 싶다면 부자가 되기 전부터 행복해져라.
이 점만 기억한다면 당신은 충분히 행복해질 수 있습니다.

어렵게 생각하지 않아도 쉽게 행복해질 수 있습니다.
학교에서 가르치고 있지는 않지만, 초등학생이라도 행복해질 수 있다니까요.
그래도 행복해질 수 없다는 사람은 사랑하는 사람의 행복을 기도해보세요.
마음이 따뜻해지면서 진정한 행복을 깨달을 수 있게 될 겁니다.

행복한 부자가 되는 사고 3

'○○가 있다면 행복해질 수 있을 텐데'가 아니라
'행복한 나니까 ○○를 손에 넣을 수 있다'
라고 생각하라.

가난한 사람 vs 부자의 사고의 차이 4

가난한 사람은
돈이 돌지 않는다고 불평하고,
부자는
돈이 돌고 있는 곳에서 일한다.

질문을 하나 하겠습니다.

"태양은 어느 쪽에서 떠오를까요?"

그럼 많은 분이 "태양은 동쪽에서 떠올라 서쪽으로 진다"라고 대답할 것입니다.
그런데 저는 오래전부터 이 답에 의문을 느꼈습니다.
'태양은 동쪽에서 떠올라 서쪽으로 진다'는 것은 천동설을 믿었던 시대의 발상이었습니다. 지동설이 상식이 된 오늘날, 태양은 움직이지 않고 지구가 태양 주위를 돈다는 사실을 우리 모두 알고 있습니다. 그러니 '태양은 한 번도 떠오른 적이 없다'가 정답 아닌가요. 이것이 제가 생각하는 답입니다. 까탈스럽다고 흉보지 말아주세요.
사실 이러한 발상은 돈에도 적용할 수 있습니다. 즉, 돈이 없는 사람은 '돈이 돌지 않는 것'이 아니라 '돈이 돌고 있는 곳에 가지 않는 것뿐'입니다.
자신이 있는 곳에서 돈이 돌기를 그저 기다리고만 있으면 아무리

기다려도 돈은 돌지 않습니다. 스스로 움직여 돈이 도는 곳으로 가야 하는 것이지요.

그리고 스스로 돌게 할 수 있게 되면 돈은 자연스럽게 자신이 있는 곳으로 돌아옵니다. 이후에는 돈이 잘 돌도록 유지하기만 하면 됩니다. 그리고 돈이 잘 돌지 않을 때를 대비해서 돈을 모아놓거나 돈이 매끄럽게 융통하는 다른 곳을 찾아놓습니다.

이는 세상의 부자들이 모두 하고 있는 일이지요.

'돈이 돌지 않는다'라고 불평만 늘어놓는 사람은 천동설의 입장에서 발상하는 사람.

'어떻게 하면 돈이 더 잘 도는 곳으로 갈 수 있을까?' 또는 '어떻게 하면 더욱 돈을 잘 돌게 만들 수 있을까?'를 생각하는 사람은 지동설의 입장에서 발상할 수 있는 사람.

당신은 어느 쪽입니까?

제 경우, 사랑하는 순진한 아내에게 "태양은 어느 쪽에서 떠오르지?" 하고 물었더니 자신만만하게 "아래쪽에서!"라고 대답하더군요. 이 또한 어떤 의미에서는 올바른 답이지요.

그래도 지구는 돈다…….

행복한 부자가 되는 사고 4

'돈이 돌지 않는다'라고 한탄하기 전에
자신이 돈이 돌고 있는 곳에 있는지를 생각하라.

가난한 사람 vs 부자의 사고의 차이 5

업무에 관한 생각

가난한 사람에게는
힘드니까 가능하면 하고 싶지 않은 일
부자에게는
하면 할수록 원하는 것을 가질 수 있는 즐거운 일

컨설팅을 하다 보면 "두근두근 가슴 설레는 일을 하고 싶지만, 정작 내가 뭘 하고 싶은지 모르겠습니다"라고 말하는 사람이 꽤 많습니다.

그런 이들의 마음 속 깊은 곳을 들여다보면 '뭘 하든, 일은 힘드니까 가능하면 일하고 싶지 않다'라는 의식이 자리하고 있습니다.

그래서 전 그런 이들에게 "돈이 많다면 뭘 하고 싶습니까?"라고 질문합니다.

"해외여행을 하고 싶습니다."
"명품 가방이나 옷을 갖고 싶어요."
"메르세데스 벤츠를 타겠습니다."
"고급 고층 아파트에 살고 싶습니다."

그들이 풀어놓는 다양한 욕구들입니다.

일하면서 설렘을 느껴본 적 없이 그저 힘들었던 기억밖에 갖고 있지 않은 사람이 두근두근 가슴 설레는 일을 찾기란 카피바라를 본 적도 없는 사람이 카피바라를 기르는 상황을 상상하는 것만큼이나 어려운 일입니다.

먼저 생각만 해도 미소가 지어질 정도로 하고 싶은 일, 갖고 싶은 것을 상상해보세요. 그리고 '그것을 손에 넣기 위해 일한다'라는 의식을 갖게 되면, 일은 '힘들다'라는 생각에서 '내가 원하는 것을 손에 넣을 수 있는 즐거운 것'이라는 생각으로 바뀌게 될 것입니다. 그렇게 되면 일 자체에서도 즐거움과 삶의 보람을 찾을 수 있고, 두근두근 가슴 설레는 일을 찾아낼 확률 또한 현저하게 높아집니다.

하고 싶은 일이나 갖고 싶은 것이 머릿속에 당장 떠오르지 않는다면 '오늘 점심은 가장 좋아하는 그것을 먹자!' 혹은 '일이 끝난 후, 한 잔 하는 즐거움!'을 생각해도 좋습니다.

즐거움을 늘려 가는 것이 인생에서 가장 중요한 일이니까요.

행복한 부자가 되는 사고 5

중요한 것은
'괴로움' 안에서보다
'즐거움' 안에서 더 찾아내기 쉽다.

가난한 사람 vs 부자의 사고의 차이 6

가난한 사람은
사람의 단점을 찾는 데 능하고
부자는
사람의 장점을 찾는 데 능하다.

대부분의 성공자가 갖고 있는 재능이 있습니다. 그것은 '사람을 칭찬하는 데에 매우 능숙하다'라는 점입니다.

 삶이 이유 없이 잘 풀리지 않는 사람은 대부분 타인의 장점은 좀처럼 찾아내지 못하지만 단점은 끊임없이 잘도 찾아냅니다. 어떤 의미에서는 그것도 재능이라 할 수 있겠지만, 남의 단점을 찾아내봤자 무엇 하나 좋을 것이 없습니다.

 사람은 칭찬을 받으면 행복해합니다.
 그러니 주위사람을 한껏 칭찬해주세요.
 장점을 자꾸자꾸 찾아내주세요.

 그러면 칭찬하는 사람과 칭찬받는 사람 모두 행복해지기 때문에 금방 성공할 것입니다.
 선천적으로 칭찬 잘하는 재능을 타고난 사람도 있지만, 그렇지 못하다면 후천적으로 익힐 수도 있습니다. 저 역시도 후천적으로 칭찬하는 법을 배운 사람에 속합니다.

본래 인간관계가 서툴렀던 저는 과거 근무하던 회사에서 반년 사이 세 군데 매장에서 쫓겨난 경험이 있습니다. 네 번째 매장으로 전출되었을 때는 사장에게 '이번이 마지막'이라는 경고를 들을 정도였습니다.

그래서 데일 카네기의 《인간관계론》을 비롯해 인간관계와 커뮤니케이션에 관한 서적을 닥치는 대로 읽으며 열심히 공부했습니다. 덕분에 지금은 그렇게나 서툴렀던 인간관계를 가르치는 일까지 할 수 있게 되었지요.

'인정받고 싶다'라는 바람은 인간의 가장 근본적인 욕구입니다.

많은 이들이 그 욕구를 스스로 충족하지 못한 채 고민합니다. 그러므로 남을 칭찬하는 데 능숙한 사람은 성공하며, 오늘날 가장 요구되는 인재도 그런 사람입니다.

좋은 일은 서두르라고 했습니다. 그러니 당장 오늘부터 눈앞에 있는 사람을 한껏 칭찬해주세요.

행복한 부자가 되는 사고 6

성공의 비결은
화를 내기보다는 칭찬하라.
상대를 소중하게 여겨라.

가난한 사람 vs 부자의 사고의 차이 7

'성공률 10퍼센트'라는 말을 들었을 때

가난한 사람은
'10명 중 1명만 성공할 수 있다'라고 생각하고
부자는
'10번 시도하면 100퍼센트 성공한다'라고 생각한다.

저는 고객이나 비즈니스 또는 사적인 상담에서 "이렇게 하려고 하는데, 어떻게 생각하십니까?"라는 질문을 받으면 그 내용이 확연히 잘못되어 있지 않는 이상, 반드시 "일단 해보지 그래? 어차피 잘될 테니까"라고 대답합니다.

사실 이 사람 역시 저와 상담하기 전에 여러 생각을 했을 테고, 그 나름대로 의미를 부여해 이야기하는 것일 테니까요. 게다가 애당초 확실히 성공하는 방법 같은 것은 누구도 모릅니다. 만약 그 비법을 알고 있다면 이미 모두가 그것을 따르고 있을 테니까요.

다만 그중에는 "일단 시도해봤는데, 실패했습니다"라고 푸념하는 사람도 있습니다. 그런 사람에게 "몇 번이나 시도해보셨습니까?"라고 물으면 대부분 한 번밖에 도전하지 않았다고 대답합니다.

창업해서 성공할 확률은 5~10퍼센트라는 데이터가 있습니다. 가령 성공률이 10퍼센트라고 합시다. 같은 말을 듣고도

'10퍼센트라니, 열 사람 중에 한 명밖에 성공하지 못한다는 말이잖아. 역시 내게는 무리야.'

이렇게 생각하는 사람이 있는가 하면

'성공률이 10퍼센트라, 열 번 도전하면 100퍼센트 성공한다는 말이군.'

이라고 생각하는 사람도 있습니다. 이것이 성패의 갈림길입니다.

생각해보세요.
어린 시절 처음에는 실패만 거듭하던 일을 어느새 할 수 있게 된 경험, 누구에게나 있지 않나요? 자전거를 배울 때 처음부터 넘어지지 않고 탈 수 있는 사람은 단 한 명도 없습니다.
인생의 성공도 그와 같습니다.

행복한 부자가 되는 사고 7

일단 도전해보지 않으면
아무것도 시작되지 않는다.
도전한 만큼 경험치는 올라간다.

가난한 사람 vs 부자의 사고의 차이 8

인간관계의 변화에 대해

가난한 사람은
사람이 떠나가는 걸 두려워하고
부자는
새로운 배움을 위해 사람에게서 떠난다.

"창업에 성공하려면 어떤 정신이 필요할까요?"라는 질문을 자주 받습니다.
 "역시 강인함이 필요하겠지요?" 혹은 "상냥함이 없으면 안 되겠지요?"라고도 묻습니다.

 강인함만으로는 안 되고, 상냥함만으로도 부족합니다.
 양쪽 모두 필요합니다.
 그리고 상황에 따라 발휘되어야 하는 정신은 항상 바뀝니다. 예를 들어 사람이 떠나갈 때는 '강인함'이, 함께 있어주는 사람을 위해서는 '상냥함'이 요구됩니다.

 사람이 떠나가는 걸 몹시 두려워하는 사람이 있습니다. 하지만 성공하기 시작하면 지금껏 사이좋게 지내던 사람이 떠나는 경우가 허다합니다. 당연한 이야기입니다.
 이를 해외로 나가는 경우에 비유하면 이해하기 쉽습니다. 예를 들어 프랑스에서는 관광지를 제외하면 일본인을 거의 찾아보기 어렵습니다. 온통 낯선 외국어로 이야기하고, 가치관과 습관이 다른 지금껏 만난 적이 없는 사람들뿐입니다. 당연하지요. 그곳은 일본이 아니라 프랑스니까요.

이는 성공에서도 마찬가지입니다. 성공했다는 것은 '지금까지와는 다른 새로운 무대에 선다'라는 뜻입니다. 여전히 동일한 무대에 있는 사람의 눈에는 새로운 가치관과 습관을 익힌 당신이 마치 '이방인'처럼 비칠 수도 있습니다.

그러므로 창업에 성공했기 때문에 사람이 떠나가는 것이 아니라, 정확히 말하면 당신이 지금까지와는 다른 사고를 갖게 되면서 지금의 친구와는 맞지 않게 되었기 때문에 당신에게서 떠나지 않을 수 없게 된 것입니다.

이때 변화에 대한 두려움을 극복하기 위해 '강인함'이 필요합니다. 그리고 그럼에도 불구하고 함께 있어주는 사람, 새롭게 만나는 사람을 위해 '상냥함'이 필요합니다.

뭔가 새로운 일을 시작할 때, 인간관계의 변화를 두려워하지 마세요. 인간관계가 바뀐다는 것은 성장했다는 증거니까요.

행복한 부자가 되는 사고 8

당신이 성장하면 할수록
새롭고 멋진 인간관계를 구축할 수 있다.

가난한 사람 vs 부자의 사고의 차이 9

가난한 사람은
자신의 불행에 집중하고
부자는
자신의 행복에 집중한다.

제 입으로 말하기 조금 민망합니다만, 저는 처음 만난 사람도 '옛날부터 친한 사이'인 줄 알았다는 말을 들을 정도로 사람을 잘 사귀는 재능을 갖고 있습니다.

얼마 전에도 휴일에 호텔에서 마사지를 받는 동안 젊은 남성 마사지사와 금방 친해졌습니다. 그래서인지 그는 갑자기 속사정을 털어놓았습니다. 자신은 유전적으로 언제 죽을지 모르는 200만 명 중에 1명인 희귀병을 앓고 있다고, 그래서 이 병이 아이에게 유전되지 않도록 결혼도 하지 않고, 아이도 낳지 않을 생각이라 하더군요.

처음엔 그냥 흘려들을 생각이었는데, 아주 성실하고 좋은 청년이었기 때문에 나도 모르게 이런 질문을 던지고 말았지요.

"지금 '태어날 아이가 가여울 것 같다'라고 했는데, 그럼, 당신은 본인이 태어나지 말았어야 했다고 생각하나요?"

"아니요, 그런 생각은 해본 적도 없어요. 솔직히 병 때문에 힘들지만, 지금 이렇게 살아 있고, 굉장히 행복하니까요…… 아!!"

할 말을 잃은 그에게 나는 이렇게 말했습니다.

"그래요. 믿지 않아도 상관없지만, 그것이 장래 태어나기를 기대하고 있는 당신의 아이가 보낸 메시지예요."

순간 마사지사의 손이 멈추었기 때문에 왜 그런가 싶어 눈을 뜨고는 '괜한 말을 했네……'라고 후회했지만 이미 엎질러진 물이었죠. 그는 펑펑 울고 있었어요.

"그런 말은 처음 들었습니다……. 그러네요, 저는 스스로 제 자신을 멋대로 옭아매고 있었네요. 게다가 위험하게도 제멋대로 아이의 생명까지 빼앗으려 하고 있었네요. 부친은 희귀병으로 일찍 세상을 떠나셨습니다만, 생전에 같은 희귀병에 걸린 저를 무척 아껴주셨습니다. 아버지께서 돌아가신 후에 어머니가 홀몸으로 여기까지 키워주신 걸 지금은 진심으로 감사할 수 있습니다. 깨닫게 해주셔서 정말 감사합니다!"

많은 사람들이 스스로 본인의 행동을 제한하고, 본인의 미래를 정해버립니다. 하지만 자신을 제약하는 환경을 다른 각도에서 보고 생각을 바꾼다면 다른 미래가 보입니다.

행복한 부자가 되는 사고 9

같은 상황이라도 다른 각도에서 보면
최고의 미래가 보인다.

가난한 사람 vs 부자의 사고의 차이 10

가난한 사람은
자신의 손에 닿지 않는 성공을 욕심내고
부자는
자신의 손이 닿는 성공을 이뤄 나간다.

"모게 씨처럼 컨설팅이나 카운슬링 같은 걸 해보고 싶다"라고 말하는 분들이 가끔 있습니다. 그런 사람에게 "그럼, 일단 도전해보세요"라고 하면 대부분이 "에이~, 하지만 모게 씨처럼 잘할 자신이 없어요……"라고 하지요. 그러면 저는 이렇게 질문합니다.

"그럼, 동네 야구도 해본 적 없는 사람이 '야구를 하고 싶지만 메이저 리거인 이치로 선수처럼 잘하지 못하니까 야구를 시작할 수 없다'라고 말하면 어떨 것 같습니까?"

진짜로 이런 말을 하는 사람이 있다면 말없이 엉덩이를 걷어차주고 싶어지겠지요.
"다이어트를 하고 싶은데, 패션모델 같은 몸매는 무리니까 포기한다"라거나 "노래방에서 노래하고 싶지만, 텔레비전에 나오는 가수처럼 노래를 잘하지 못하니 노래방에는 못 가겠어"라고 하면 대부분 이게 말이 안 된다는 사실을 알아차리지요. 그런데 정작 비즈니스에 관한 문제로 넘어오면 올바른 판단을 하지 못합니다.

행동하지 못하는 사람의 대부분은 처음부터 성공에 대한 강박이 심합니다. 그런 사람일수록 말로는 '자신 없다'라고 하면서 정작 셀프 이미지는 에베레스트 수준이지요.

그러므로 쉽게 행동으로 옮길 수 있으려면
'해본 적이 없는 일을 해보는 것만으로도 성공'
이라는 식으로 성공의 레벨을 낮추는 것이 좋습니다.

예를 들어 하와이에 가고 싶다면 이렇게 해보는 겁니다.
'하와이에 관한 정보를 조사해보는 것'만으로도 성공.
'하와이 여행의 팸플릿을 모아보는 것'만으로도 성공에 한 걸음 가까이.
'하와이에 가기 위해 매월 1만 엔씩 모으게 된 일'도 성공.
'하와이 여행을 신청'했다면 대성공!
이렇게 작은 성공을 하나씩 이루어가다 보면 반드시 큰 성공으로 이어집니다.

행복한 부자가 되는 사고 10

성공을 향하는 길이 아무리 멀어도
한 걸음씩 나아가면
그만큼 성공에 가까워진다.

부자가 되는 놀라운 변화! 모게 칼럼 2
나를 변화시킨 사고

　책을 통해 많은 것을 배워 자신만만해진 저는 새로운 도약을 위해 회사를 나와 독립했습니다. 그러나 창업하자마자 '수입 제로'라는 현실에 직면하고 말았습니다. 눈 깜짝할 새에 열심히 모아놓은 저축은 바닥을 드러내고, 생활비가 부족해 매월 청구서에 쫓기는 날들이 이어졌습니다.
　두 번이나 아내와 함께 부모님께 무릎 꿇고 사정하여 돈을 빌려가며 간신히 버티고 있었지요. 그래도 포기하지 않고 노력하자 일도 점차 늘기 시작했습니다.

　'노력은 배신하지 않는다.'

'노력하면 길은 열린다.'

스스로에게 이렇게 다짐하면서 더 열심히 노력하고 행동했습니다. 하지만 그 결과, 안정 피로로 컴퓨터 화면을 볼 수 없게 되어 의사에게 일을 쉬라는 권고를 받게 되었습니다. 저는 망연자실해지고 말았습니다.

'돈을 벌지 못하면 사랑하는 사람을 지킬 수 없다……'

그래서 과감하게 저 자신의 사고 자체를 바꾸어보기로 했지요. 하지만 구체적으로 어떻게 바꿔야 할지 전혀 몰랐기 때문에 우선 부자나 성공자가 어떤 사고를 하는지 철저히 배워 내 것으로 만들기로 결심했습니다.

부자의 사고를 배우려면 그저 글로 쓰인 것을 읽는 데 그치지 않고, 실제로 그들과 만나 직접 배울 필요가 있다는 사실을 깨닫고 부자가 모임직한 다양한 모임에 참가하기 시작했습니다. 일류 호텔에서 열리는 스터디 그룹에 참가하거나 부자 친구에게 부탁해 연소득 2,000만 엔이 넘는 사람들로 구성된 회식자리를 만들고, 그곳에 온 사람들에게 질문하는 등 다양한 '부자의 강의'를 들었습니다.

예를 들면 이런 일도 있었습니다.

어느 부자의 아내되는 분이 제가 쓰고 있는 안경을 바꾸는 편이 좋겠다고 하기에 함께 안경을 바꾸러 가게 되었지요. 거기서 마음에 든 3만 엔짜리 안경을 골랐더니 그녀는 이렇게 말하는 것이었습니다.

"모게 씨는 그러니까 안 되는 거예요. 성공했을 때 쓸 안경을 골라야지. 안경은 얼굴의 일부이기 때문에 그 안경에 맞는 당신이 될 수 있어요."

그래서 저는 8만 엔짜리 안경을 (카드로) 구입했습니다.

이런 일을 포함해서 부자들과 교제하는 데에는 많은 돈이 듭니다. 당시의 제게는 상당한 지출이었지만, 그 이상의 가치를 배울 수 있었습니다. 부자들과의 교제를 통해 정말이지 사고의 대전환을 경험할 수 있었습니다.

사고를 바꾸면 행동이 바뀌고, 결과도 크게 바뀝니다.

부자가 되는 놀라운 변화! 체험담 2
나를 변화시킨 모게 씨의 말

S씨(라이프 컨설턴트)

　한 달에 100만 엔은 벌고 있었지만, 어떻게 하면 더 벌 수 있는지 몰랐습니다.
　'더 할 수 있어'라는 말이 머릿속을 떠나지 않았죠. '하지만 지금도 충분히 행복해'라는 말도 속으로 되뇌곤 했어요. 남편과는 사이가 꽤 좋았지만, 때로는 기대에 못 미치는 남편에게 실망하며 초조해하기도 했습니다. 이것이 모게 씨와 만나기 전의 나였습니다.

　다시 말해 사랑도 돈도 '애매'한 상태였던 것이지요!!
　애매하게 사랑을 하고, 애매하게 돈을 벌고, 적당히 행복하고, 적당히 성공해 있었습니다.

바로 그래서 더 비약할 타이밍을 완전히 놓친 채 길을 잃은 상황이었지요.

"남편은 또 세계일주를 떠날 테니 당신이 벌면 돼요."
"당신은 있는 그대로의 자신 능력을 발휘하면 돼요."

모게 씨가 해준 말은 이것뿐이었습니다.
그런데! 항상 고민거리였던 일들이 깨끗이 해결되어 순식간에 다른 세계로 이동한 듯한 충격을 받았습니다!
지금껏 모게 씨에게 배운 것 중 가장 인상적인 것은 '아름답게 사는' 인생의 기준입니다. '아름답다'는 것은 그저 겉모습을 말하는 것이 아니라 자신의 내면과 행동이 자신에게도 상대에게도 즐겁게 느껴지는 것을 말합니다. 구체적으로는 이런 느낌입니다.

- 자신감이 있고 없고보다는 자신이 '아름답다'고 생각되는지가 중요합니다.
- 생각한 대로 되어가고 있을 때는 기뻐하면 됩니다.
  생각한 대로 되지 않았을 때는 배우면 됩니다.
- 본연의 모습도 중요하지만, 더 중요한 것은 삶의 방식입니다.

최선을 다했다면 일의 성패는 아무래도 좋습니다. 자신이 아름답다고 생각되는지가 중요한 거죠.

모게 씨와 만난 이후 꿈같은 성과를 많이 올릴 수 있었습니다.
월매출 100만 엔에서 월매출 800만 엔으로!
세 아이를 키우면서도 온 세상을 날아다닐 수 있게 되었고, 도쿄와 오키나와를 오가며 삶을 즐기고 있습니다. 또한 내가 벌기 때문에 남편은 전업주부로 살 수 있고, 남편에게 차를 사줄 수 있고, 가족이 함께 세계일주 계획을 세울 수 있어서 정말 행복합니다.
고객의 만족도도 올라가 재방문율은 80퍼센트를 넘었습니다. 매출이나 재방문율처럼 그 성과를 수치로 나타낼 수 있는 것도 중요합니다만, 기뻐하는 남편의 얼굴이나 가족의 화목처럼 수치화할 수 없는 행복이야말로 가장 큰 기쁨입니다.

제3장

부자가 되려면
행동을 바꾼다

가난한 사람 vs 부자의 행동의 차이 1

가난한 사람은
자신의 가치 이상으로 돈을 쓰고
부자는
자신의 가치 이상으로 돈을 번다.

우리는 돈을 통해 다양한 가치를 인식합니다.

예를 들면 매달 지출하는 금액으로 '자기 가치'를 인식합니다. 나아가 매달 지급받는 금액으로 '타자 가치'를 인식합니다. 조금 더 알기 쉽게 설명하면, 자신이 매월 지출하는 금액을 기준으로 스스로 '나는 그만큼의 가치가 있어'라고 생각하는 것이 '자기 가치'입니다. 반면, 매월 지급받는 금액으로 주위사람들이 '당신은 그 정도의 가치가 있는 사람'이라고 생각하는 것이 '타자 가치'입니다.

그러므로 아무리 돈을 벌어도 '자기 가치'가 '타자 가치'보다 높으면 돈은 모이지 않고, 반대로 주위사람이 당신을 인정하는 가치가 당신의 '자기 가치'보다 높으면 돈은 계속 모이게 마련입니다.

구체적으로 말해 이번 달에 당신이 20만 엔을 받았다면 주위사람은 당신에게 20만 엔의 가치가 있다고 생각합니다. 그런데 당신이 자신을 '매월 30만 엔의 가치가 있다'고 생각해서 지출하면 그 차액인 10만 엔만큼 적자가 발생하겠지요. 따라서 돈을 모으려면 '자기 가치'를 '타자 가치'보다 낮추어야 합니다.

다만 그렇게 하면 돈은 모이겠지만 '자기 가치'를 항상 억누르며 살아야 한다는 제약이 따릅니다. 그러면 해외여행도 가지 못하고, 멋도 부릴 수 없으며, 맛있는 음식도 먹지 못하는 등 여유를 부릴 수 없어 인생은 완전히 무미건조해질 것입니다.

그렇다면 어떻게 해야 할까요? '자기 가치'를 높이면서 '타자 가치'를 높여가면 됩니다. 그것을 위해 '자신의 가치를 제대로 인정해주는 곳을 찾아야' 합니다.

현역 시절 이치로 선수가 야구를 그만두고 시급 1,000엔의 사무실에서 일했다면 주위사람들 모두가 경악하며 그 이유를 묻겠지요. 야구로 수십억 엔을 벌 수 있는 이치로 선수에게 시급 1,000엔의 일을 시키다니, 이만저만한 낭비가 아닐 수 없습니다.

그런데 이 같은 일은 이치로 선수에게만 한정되지 않습니다. 누구에게나 자신이 빛나는 장소가 반드시 있습니다.

그를 위해 사람에게는 개성이 존재하고, 개성을 발휘하기 위해 인생은 존재하니까요.

업무 능력을 열심히 고양시키는 것도 좋지만, 그 이상으로 자신의 개성을 인정해주는 자리를 열심히 찾아봅시다.

행복한 부자가 되는 행동 1

천재는 누구보다 가장 노력한 사람이 아니라
누구보다 가장 자신이 빛나는 장소를 찾은 사람

가난한 사람 vs 부자의 행동의 차이 2

사용하지 않는 물건이 있으면

가난한 사람은
'다시 사용하게 될지도 모른다'라며
버리지 않아 방을 어지럽히고

부자는
'필요하면 또 사면 된다'라며
처분하기 때문에 방이 깔끔하다.

"부자가 되려면 방을 깨끗이 정리하는 편이 좋은가요?"

가끔 이런 질문을 받습니다.
물론 방이 깨끗하다고 해서 부자가 될 수 있는 것은 아닙니다만, 방이 지저분해지는 원인이 무엇인지는 살펴볼 필요가 있습니다.

방이 지저분하다는 것은 당신이 물건을 버리지 않는 사람이라는 뜻입니다. 물건을 버리지 않는 사람은 '가까운 장래에 사용할 수도 있다'라고 생각해서 버리지 못합니다. 이런 사람은 자신이 장래에도 가난할 것이라고 예측하고 있는 것과 다름없습니다.
이에 반해 부자처럼 사고하는 사람은 '필요하면 그때 또 사면 돼'라고 생각하므로 당장 불필요한 물건은 과감하게 처분하거나 주위 사람에게 주어 방을 깨끗이 정리합니다.

다만, 좀처럼 버리기 어려운 물건도 있습니다.
제 경우에는 책이죠. 다시 읽을 때가 있기 때문이기도 하지만, 마음에 든 책은 그저 바라보고만 있어도 에너지가 솟아납니다. 그러면 일이 더욱 즐거워지고 사고도 더욱 풍요로워집니다. 책 외에도 에너지를 높일 수 있는 물건이라면 버리지 말고 갖고 있는 편이 좋겠지요.

 애당초 '정리하기 어렵다'라는 건 정리가 어려운 그 물건이 '소중히 간직할 필요가 없는 것'이라는 뜻이므로, 그런 물건은 주위사람에게 주거나 처분하면 그만입니다.
 방에 불필요한 물건이 어질러져 있으면 마음이 산란해지고 에너지도 감소합니다. 그래서는 일의 효율이 오르지 않습니다.

 그보다 방에 정말 좋아하는 물건만 놓아두면 그만큼 의욕도 솟기 때문에 일의 효율도 오릅니다. 남들 눈엔 낭비로 보이는 물건이라 해도 자신의 에너지를 높이는 물건이라면 결과적으로 수입도 오르니 전혀 낭비가 아니지요.

행복한 부자가 되는 행동 2

불필요한 물건에 둘러싸여 있으면
돈이 줄어들고
에너지가 증가하는 물건에 둘러싸여 있으면
돈은 늘어난다.

가난한 사람 vs 부자의 행동의 차이 3

'행복의 문' 앞에서

가난한 사람은
그 문이 '행복의 문'인지
'불행의 문'인지 고민하고
부자는
열어봐야 알 수 있다며 주저 없이 문을 연다.

당신 앞에 천사가 나타나 말합니다.

"앞에 열 개의 문이 있습니다.
그중 하나만 성공으로 이어지는 문입니다."

당신이라면 어떻게 하겠습니까?
 인생이 잘 풀리지 않는 사람은 문 앞에서 고민합니다. '문은 하나밖에 고를 수 없어'라고 제멋대로 믿어버렸기 때문입니다. 천사는 분명 '문은 하나밖에 고를 수 없다'라고 말하지 않았는데 말입니다.
 이에 반해 언제나 인생이 수월하게 풀리는 사람은 처음부터 하나씩 문을 열어갑니다. 단지 문을 여는 것뿐이니 리스크도 전혀 없고, 그중 하나는 반드시 성공으로 연결된다 했으니 빨리 열어야 빨리 성공할 수 있습니다.

 제 고객 중 많은 이들이 그렇게 빨리 성공하는 이유는 제가 언제나 리스크 없는 성공법만 가르치기 때문입니다. 그래서 성공할 때까지 도전할 수 있습니다.

　비즈니스에서 실패하는 가장 흔한 패턴은 처음부터 거액을 투자하는 바람에 다음 방법이나 그 다음 도전을 하지 못한 채 끝나버리는 것입니다. 비즈니스 초보일수록 처음에 돈을 많이 들이고 싶어 합니다. 이유는 알 수 없지만 '돈을 많이 들이는 편이 잘된다'라고 믿고 있더군요.
　혹은 '돈을 많이 들이는 편이 결과가 좋다'라는 제삼자의 감언이설에 넘어가는 경우도 많습니다. 자신이 고객을 만족시켜야 하는데 외려 고객이 되어 제삼자를 만족시키고 있다는 사실을 깨닫지 못하고 있지요.

　처음부터 자전거를 잘 타는 사람은 없습니다.
　하지만 타는 방법을 익히면 누구나 자전거를 탈 수 있습니다.
　성공도 이와 마찬가지입니다.
　성공한 사람에게 배운 것을 착실히 실행하면 누구나 반드시 성공할 수 있습니다.

행복한 부자가 되는 행동 3

돌이킬 수 없는 일이 아니면 일단 도전해본다.
그러면 반드시
성공을 거머쥘 수 있다.

가난한 사람 vs 부자의 행동의 차이 4

가난한 사람은
실패가 두려워 도전하지 못하고
부자는
경험이 재산이라 생각해 기꺼이 도전한다.

얼마 전 돈을 아주 좋아하는 일곱 살짜리 아들이 100엔숍에서 '10억 엔 모으기! 재테크 게임'이라는 보드게임을 사서 가족 모두가 함께 해보았습니다.

'반드시 10억 엔을 모으겠다!'라며 투지에 불타던 아들은 눈 깜짝할 새에 빚을 지고 파산. 그 모습을 지켜보며 웃던 저는 과거에 저 역시 똑같은 체험을 했다는 사실이 떠올랐습니다.

지금으로부터 10년도 더 된 이야기입니다. 창업 직후 한 달에 5만 엔도 벌지 못했던 시절이었지요. 당시 세계적 베스트셀러였던 《부자 아빠 가난한 아빠》의 저자 로버트 기요사키씨가 만든 캐시 플로 게임을 어떤 억만장자와 함께할 기회가 있었습니다. 그 억만장자도 나도 캐시 플로 게임은 처음이었습니다.

함께 게임을 하면서 어떤 것을 배우게 될지, 저는 두근거리는 마음으로 게임을 시작했습니다. 그런데 그 억만장자는 게임 안의 비즈니스 기회를 전부 경험하고는 시원스럽게 파산해버렸습니다. 그것을 의아하게 생각하면서도 저는 파산하지 않으려고 엄청나게 고민하며 게임을 계속했지요. 일찌감치 게임을 포기하고 여유를 즐기던 그 억만장자는 나중에 이런 질문을 했습니다.

"모게 씨, 이건 게임이야. 어째서 이것저것 도전해보지 않지?"
'쉽게 파산해버린 당신의 조언은 필요 없습니다'라고 생각하면서도 듣고 있자니 그는 계속해서 이렇게 말했습니다.

"실패할까 봐 두려워 게임에서조차 도전하지 않는군.
실패는 방법만 알면 언제라도 만회할 수 있어.
가장 큰 문제는 게임 방법을 모른 채 계속한다는 것이야.
그렇게 해서 성공해봤자 그건 단순한 '우연'이니까."

다시 말해 그 억만장자는 게임의 방식을 배우기 위해 일부러 모든 이벤트에 도전해 실패를 경험함으로써 게임의 요령을 이해한 것입니다. 실제로 두 번째 게임에서 그는 점수 차를 크게 벌리며 이겼습니다. 역시 실패가 두려워 앞으로 나아가지 못하는 것보다는 실패를 배움으로 바꿔 앞으로 나아가야 반드시 성과를 낼 수 있습니다.
그리고 제 아들도 두 번째 게임에서는 크게 점수 차를 벌리며 이겼습니다.

행복한 부자가 되는 행동 4

실패해서 후회할 때보다
도전조차 하지 않고 패했을 때
더 크게 후회한다.

가난한 사람 vs 부자의 행동의 차이 5

가난한 사람은
자신이 하고 싶은 일에 집착하고
부자는
돈이 되는 일을 중시한다.

"두근두근 가슴 설레는 일을 하고 싶어요."

  일이 잘 풀리지 않은 사람들이 자주 하는 말입니다.
  물론 두근두근 가슴이 설렌다는 건 좋은 일입니다.
  하지만 일에 있어 가장 중요한 것은 '수입'이죠. 돈 버는 일이 꽤 어렵게 느껴지지만, 사실 '고객 만족'과 '지속 가능'한지를 따져 자신이 할 수 있는 일을 찾는 게 관건입니다.

  예전에 한 고객은 전혀 수익을 올리지 못하고 있는 상황에서 "스무디를 팔고 싶어요"라고 말하는 것이었습니다. 그래서 저는 "그것은 수익을 낸 후에 하세요. 그보다 지금은 이것을 하는 편이 좋아요"라고 조언했습니다.
  결과적으로 그 고객은 다음달에 100만 엔을 벌었고, 지금은 매월 300만 엔 이상 수입을 올리고 있습니다. 그리고 스무디는 완전히 잊었습니다.

일을 할 때는 우선 수익을 올릴 수 있는지를 생각해야 합니다. 그렇게 수익을 올리게 되면 그때는 정말 하고 싶은 일이 눈에 보이기 시작합니다.

비즈니스에서 고전하는 분들 중에는 '상품을 싸게 제공하는 것이 사회공헌'이라고 생각하는 사람이 많습니다. 하지만 확실히 이익을 내서 세금을 납부하는 편이 훨씬 사회에 공헌하는 게 아닐까요?

박리다매는 대기업이 하는 방식이죠. 중소기업이, 하물며 개인 사업자가 박리다매를 해서 이익을 내려면 그만큼 시간과 노력을 들여야 하므로 굉장히 피곤해집니다. 그래서는 결국 독립한 의미가 사라져버립니다.

'꿈을 갖고 있다'는 것은 좋은 일이지만, 현실적으로는 그보다 먼저 '돈을 갖고 있는' 것이 더 중요합니다. 꿈은 없어도 먹고살 수 있지만, 돈이 없으면 먹고살 수 없고 소중한 사람을 행복하게 해줄 수도 없습니다.

반대로 소중한 사람의 행복을 생각하면 반드시 그것은 자신의 꿈으로 이어집니다.

행복한 부자가 되는 행동 5

수익 창출을 행동의 기준으로 삼으면
자연스럽게 고객 만족으로 이어지고
자신에게도, 소중한 사람에도,
사회에도 도움이 된다.

가난한 사람 vs 부자의 행동의 차이 6

처음 경험하는 일에 대해

가난한 사람은
'자신이 없다'며 포기하고
부자는
'자신 없는' 일에 대한
사전준비를 철저히 한다.

저는 고객에게 조언할 때, 기본적으로 리스크가 없는 것만 권합니다. 그런데도 많은 사람이 '내가 그 일을 할 수 있을까……' 고민하며 행동하기를 주저합니다.

처음 하는 일이나 잘 모르는 분야의 일이라면 당연히 자신이 없겠지요.

그렇다면 어떻게 해야 할까요?

사전에 철저히 준비하면 됩니다.

지금 저는 원고나 사전준비 없이도 강의 혹은 세미나에서 두세 시간씩 강연하는 데 별 문제가 없지만, 저도 처음부터 그랬던 건 아닙니다.

첫 세미나 때는 해야 할 말을 한 글자도 빠짐없이 노트북에 기록해 그것을 보면서 마치 떠오르는 대로 이야기하는 척 강연했습니다. 심지어는 농담할 타이밍까지도 미리 정해놓고 갑자기 떠오른 것처럼 떠들었습니다(그럼에도 반응이 없을 때는 내상이 컸지만).

그것을 여러 번 반복하는 동안 점차 노트북을 보는 횟수는 줄었고, 지금은 노트북을 전혀 보지 않고도 몇 시간이나 계속 강의할 수 있습니다.

자신이 없다는 것은 그저 경험이 많지 않다는 뜻일 뿐, 여러 번 반복하면 자연스럽게 자신감이 생길 것입니다.

이렇게 이야기해도 '역시 자신이 없어서 못 하겠습니다'라고 하는 사람이 있습니다. 그런데 그에게 "내가 1억 엔을 주겠다고 하면 그 일을 하겠습니까?"라고 물으면 곧바로 "꼭 하겠습니다!"라고 대답합니다.

결국 '자신감'과는 상관이 없습니다.
실패해도 괜찮으니까 하고 싶은지, 하고 싶지 않은지가 문제지요.

그것이 만약 '1억 엔을 받더라도 하고 싶지 않은 일'이라면 하지 않는 편이 좋습니다.

하지만 리스크가 없고, 성공했을 때의 보수가 있다면 반드시 시도해보세요. 결국 인생은 도전한 사람이 이기니까요.

행복한 부자가 되는 행동 6

불안은 사전준비로 해소한다.
잘 안 될 때는
여러 번 반복해서 익숙해져라.

가난한 사람 vs 부자의 행동의 차이 7

'낮은 학력'에 대해

가난한 사람은
콤플렉스를 느끼고
부자는
신경 쓰지 않고 관심도 없다.

얼마 전 한 고객이 "나는 학력 콤플렉스가 있는데, 어떻게 하면 좋을까요?"라며 상담을 청했습니다.

하지만 사실 그는 학력에 콤플렉스가 있는 것이 아니라 자기답게 살고 있지 않았을 뿐입니다. 자기답게 살고 있다면 학력 같은 것에는 신경도 쓰지 않을 것입니다.

저 또한 내세울 만한 학력은 아니지만 도쿄대학이나 와세다대학, 게이오기주쿠대학 같은 일류 대학을 졸업한 고객에게 전혀 열등감을 느끼지 않습니다. 학교 성적이 좋다고 해서 반드시 사회에서 요구하는 능력을 갖추고 있는 것은 아니기 때문입니다.

실제로 일류 대학을 졸업한 사람들이 모두 성공하거나 행복해지지는 않는다는 점에서도 학력과 성공 혹은 행복은 별로 관련이 없다는 사실을 알 수 있습니다.

물론 일류 대학에 입학해 일류 기업에 근무하는 것 자체를 성공이고 행복이라고 느낀다면 그것은 그것대로 좋겠지요. 다만, 현대 사회에서는 일류 기업에 입사했다고 평생 동안 평안 무사한 삶을 누릴 수 있다는 보장이 없습니다. 원하지 않는 일을 해야 할 때도 있고, 해고나 도산 가능성도 있습니다.

시대가 아무리 바뀌어도 '자기다운 삶'의 행동 기준이 있다면 즐겁게 후회 없는 삶을 살 수 있습니다. 무엇보다, 뛰어난 두뇌와 인간의 능력은 학교 성적만으로는 측정할 수 없습니다.

'천재'는 머리가 좋은 사람이 아니라 '하늘(天)'에서 받은 '재능(才)'을 활용하는 사람입니다. 다시 말해 정말 자기답게 사는 사람이야말로 모두 천재인 것이죠. 그렇게 생각하면 학력에 콤플렉스를 느낄 일은 절대로 없겠지요.

'삼고三高'라고 해서 '고학력, 고수입, 고신장'인 사람이 인기 있던 시절도 있었습니다만, 앞으로는 '삼행三幸'의 시대가 옵니다. '자신이 너무 좋아서 행복, 경제적으로 행복, 인간관계가 좋아서 행복'한 사람이 인기가 있을 것입니다.

행복한 부자가 되는 행동 7

자기답게 산다.
타인과 비교하지 말고
과거의 자신과 이상적인 자신을 비교하라.

가난한 사람 vs 부자의 행동의 차이 8

가난한 사람은
가난한 행동을 하기 때문에
가난해지고
부자는
풍요로운 행동을 하기 때문에
계속 풍족하다.

제 직업은 컨설턴트입니다. 결코 점쟁이가 아닙니다.

그런데 고객들은 "웬만한 점쟁이보다 훨씬 잘 맞는다!"라고 자주 말합니다.

손금도 보지 못하고, 사주팔자나 타로카드 같은 것도 못하고, 점을 본 적도 거의 없는데, 왜 제 말이 잘 맞는 것일까요? 항상 그 사람의 얼굴이나 행동, 모습을 보다 보면 자연스럽게 그의 미래가 보이기 때문입니다.

군이 관상에 관한 지식이 없어도, 늘 웃는 얼굴로 모두를 기쁘게 하는 말을 하는 사람은 불행해지지 않는다는 것, 아니 불행해질 수 없다는 것쯤은 알 수 있습니다.

그와 반대로 항상 찌푸린 얼굴로 모두의 기분을 상하게 만드는 말을 하는 사람이 성공하거나 행복해지는 것은 본 적이 없습니다(물론 행동을 바꾸는 경우는 예외입니다).

제가 점을 보지 않는 이유는 '미래는 남이 봐주는 것이 아니라 스스로 만드는 것'이라고 생각하기 때문입니다. 생판 모르는 점쟁이 아저씨나 아줌마에게 5천 엔을 내고 전해 듣는 인생을 살고 싶지는 않습니다!

물론 점 자체를 부정할 생각은 없습니다. 단지 점보기를 좋아하는 사람은 그것을 이용하면 됩니다.

그런가 하면 이런 질문을 하는 분도 많습니다.
"믿어도 좋은 점쟁이와 믿지 말아야 할 점쟁이를 구분하는 방법은 뭘까요?"
포인트는 다음의 두 가지입니다.

첫째, 그 점쟁이가 실제로 행복하게 살고 있는가?
둘째, 그 점쟁이 주위의 사람이 행복한가?

이는 운세뿐만 아니라 컨설턴트나 조언자에게도 해당합니다. 가난하고 불행해 보이는 사람이 말하는 '행복하게 성공하는 방법'에 진실이 담겨 있다고는 믿기 어려우니까요.

행복한 부자가 되는 행동 8

항상 웃는 얼굴로
주위사람을 기분 좋게 만드는 말을 하고
자신과 타인 모두에게 기쁨을 주는 행동을 하라.

가난한 사람 vs 부자의 행동의 차이 9

일이 뜻대로 풀리지 않아 막막해지면

가난한 사람은
일을 바꿀까 생각하고
부자는
인생을 점검한다.

일이 뜻대로 풀리지 않고 막막해지면 대부분의 사람은 일 자체를 바꾸면 어떨지를 고민합니다. 물론 그래서 잘되는 경우도 있겠지만, 만약 그랬는데도 여전히 수월하게 풀리지 않는다면 일이 아닌 다른 것을 바꿔야 문제가 해결될 것입니다.

일뿐만 아니라 문제가 생겼을 때, 그 문제의 직접적인 원인을 바꾸기보다는 다른 시점에서 생각해야 문제가 해결되는 경우도 있습니다. 예를 들어, 비즈니스에서 성공하려면 연애도 열정적으로 하는 게 좋습니다. 한 사람의 마음도 사로잡지 못하면서 사업을 잘할 리는 만무하니까요.

주위를 행복하게 하고 싶다면 먼저 자신을 행복하게 해주세요.
자신이 행복해지면 주위사람에게 그 행복이 전염될 테니까요.

고민을 해결하고 싶다면 그릇이 큰 사람과 함께 있으세요.
당신의 고민이 너무 작아서 고민하는 것이 우스워질 테니까요.

강해지고 싶다면 가장 사랑하는 사람을 찾아보세요.
자기보다 소중한 사람이 생기면 사람은 얼마든지 강해질 수 있으니까요.

그리고 가장 사랑하는 사람을 죽을 만큼 행복하게 만들어주세요.
당신이 행복하게 해주고 싶은 사람이 당신을 가장 행복하게 해주는 사람이니까요.

결국 문제는 그 본질을 바꾸지 않는 한 해결되지 않습니다.
그렇다면 그 본질이란 무엇일까요?
한마디로 그것은 '사랑'이며 '사랑의 올바른 모습'에 관한 질문입니다.

'어쩐지 요즘 일이 잘 풀리지 않아'라는 생각이 들면 '나 자신과 주위를 분명히 사랑하고 있는지' 스스로 되돌아보는 것이 좋습니다.
사랑은 하면 할수록 더 풍요로워지니 아낌없이 사랑해주세요.

행복한 부자가 되는 행동 9

만사가 잘 풀리지 않을 때는
'자신과 주위를 확실히 사랑하고 있는지'
점검하라.

가난한 사람 vs 부자의 행동의 차이 10

가난한 사람은
아무것도 바꾸지 않은 채
끌어당김을 마냥 기다리고
부자는
행동의 결과, 끌어당김을 일으킨다.

'끌어당김의 법칙'은 그동안 여러 차례 붐을 일으켰고, 그에 관한 베스트셀러도 여러 권입니다. 하지만 그 법칙을 실천한다 해도 '끌어당기는 사람'과 '끌어당기지 못하는 사람'으로 나뉩니다.

그렇다면 '끌어당김의 법칙'이 그렇게 어려운 것일까요? 그렇지 않습니다.

사실 누구에게나 가능한 일입니다.

진심으로 시도하면 되는 일입니다.

왜냐하면 간절히 원하는 일이라면 어떻게든 행동에 옮길 테니까요.

예를 들어, 당신이 지금 화장실이 매우 급하다고 합시다. 그런 당신에게 누가 "화장실을 끌어당길 테니까 기다려!"라고 말한다면 어떨까요? 아마도 당신은 "그럴 필요 없으니 당장 화장실이 어디 있는지나 가르쳐줘!"라고 소리칠 겁니다.

"좋아하는 사람이 있는데, 끌어당기지 못하겠어!"

이 경우에도 "만약 한 달 안에 당신이 좋아하는 사람과 사귀지 못하면 당신을 죽이겠습니다"라는 말을 들었다 칩시다. 좋아하는 사람이 있다면 정말 필사적으로 그와 사귀려고 노력하겠지요. 그래도 안 되면 친구에게 부탁해 다른 누군가를 소개받거나 매일 저녁 미팅을 계획할 것입니다. 혹은 호감 가는 사람이 있다면 일단 말을 걸어보는 등 필사적으로 행동할 것입니다.

결국 끌어당기지 못하는 사람은, '끌어당기지 못하는 것'이 아니라 내심 '자신은 끌어당기는 능력이 없다'라고 생각하고 있거나 '행동하기 싫은 것'뿐입니다.

그 증거로 '종일 집 안에서 뒹굴뒹굴 하면서 뭐든 원하는 것을 끌어당겼다'는 이야기는 들어본 적이 없습니다. 여전히 아무것도 하지 않으면서 끌어당길 수 있는 것은 NHK의 시청료나 도둑, 곰팡이 정도일 것입니다.

그러므로 만약 당신이 좀처럼 끌어당기지 못한다는 생각이 들면 그 내용을 구체적으로 써보세요. 그런 다음 그것을 얻기 위해, 그렇게 되기 위해 필요하다고 생각되는 행동도 전부 쓴 다음 하나씩 실천해보세요. 이르면 오늘 당장이라도 효과가 나타날 것입니다.

행복한 부자가 되는 행동 10

행동력이 곧 끌어당기는 힘

부자가 되는 놀라운 변화! 모게 칼럼 3
나를 변화시킨 행동

    많은 사람이 실패가 두려워 행동하기를 주저합니다만, 실패의 본질을 알게 되면 두려워할 이유가 전혀 없습니다.

    목숨을 잃는다거나 돌이킬 수 없는 결과를 초래한다거나 하지 않는 한, 실패는 모두 경험이 되고 그것을 활용하면 자신의 재산이 됩니다. 굳이 '실패는 성공의 어머니'라는 격언을 들먹일 것도 없이 행동을 포기하지 않는 한 실패는 없습니다.

    나아가 인생에서 최대의 실패는 행동(경험)하지 않는 것입니다. 이는 성공한 많은 사람들이 이구동성 하는 말이고, '만물의 영장'인 인간의 본질이기도 합니다.

    우리 인간은 경험치를 쌓을수록 끊임없이 성장할 수 있습니다. 물론 수명에는 한계가 있지만, 한 명의 인간이 낳은 지혜는 인류에게 전해지고, 더 높은 단계의 발전으로 이어집니다.

이야기가 너무 거창해졌습니다만, 행동은 타고난 그 어떤 재능보다도 뛰어난 가치입니다. 반대로 말하자면 아무리 훌륭한 재능을 갖고 태어났어도 행동하지 않으면 그것을 활용할 수 없다는 말입니다.

예를 들어, 저는 여성에게 전혀 인기가 없었습니다. 하루에 10명의 여성에게 거절당한 적도 있습니다. 같은 나가사키 현 출신의 싱어송라이터이자 배우인 후쿠야마 마사하루 씨와 비교하면 얼굴도 다리 길이도 뒤떨어질지 모릅니다. 하지만 세상에서 가장 사랑하는 사람과 결혼할 수 있었고(그녀에게도 두 번이나 거절당했습니다……) 결혼한 지 15년이 지난 지금까지 아내와 한 번도 싸운 적이 없을 정도로 서로를 깊이 이해하고 있습니다.

지금은 인간관계도 원만하고 경제적으로 풍요롭지만 처음부터 그랬던 것은 아닙니다. 모두 행동의 결과로 손에 넣은 것입니다.

그렇지만 과거의 실패가 트라우마로 남아 좀처럼 행동에 나서기 어려운 마음도 이해합니다. 그런 사람이라도 '이렇게 하면 절대로 실패하지 않는다'라는 방법을 알게 된다면 행동할 수 있을 것입니다.

그런 방법이 정말 있냐고요? 정말 있습니다.
연애도, 인간관계도, 일도 이것만 있으면 반드시 성공합니다.
그것은 '사랑하는 마음으로 행동하는' 것입니다.

연애도 한쪽은 사랑한다며 행동에 옮겨도 상대에게 그 사랑이 전달되지 않으면 스토커나 다름없습니다. 행동을 통해 사랑하는 마음이 상대에게 전달되어야만 사랑입니다.

이는 연애뿐만 아니라 모든 인간관계에 해당한다고 할 수 있습니다. 일의 대부분이 인간관계로 이루어지는 점을 감안할 때, 사랑하는 마음으로 행동하면 일에서도 성공합니다.

비즈니스에서는 '돈의 흐름'을 읽는 것이 중요합니다.

돈의 흐름이라고 하니 어렵게 느껴질 수 있겠지만, 그 흐름을 낳는 것은 사람입니다. 다시 말해 돈의 흐름이 보이지 않는 사람은 사람이 보이지 않는 것입니다.

사람이 보이면 사람이 어떤 일 때문에 힘들고 어떤 일로 고민하는지 알 수 있습니다. 그것이 전부 돈이 됩니다. 사랑하는 마음으로 사람을 대하면 그가 어떤 곤란을 겪고 있고 무엇을 고민하는지 알 수 있습니다.

비즈니스에서 실패하는 사람은 자기 자신만 생각합니다. 즉, '사랑이 없는' 것이지요. 그리고 그러한 사람일수록 '상대가 자신을 이해하지 못한다'라거나 '왜 자신을 알아주지 않는지 모르겠다'라며 불평합니다.

아무리 상대를 사랑해도 말이나 행동으로 표현하지 않으면 상대는 당신의 사랑을 알지 못합니다. 나아가 상대를 이해하지 못하면 상대의 사랑을 받아주기도 어렵습니다.

사람은 본래 사랑입니다. 모든 사람이 사랑을 갖고 태어났습니다. 그럼에도 실패하는 이유는 그 사랑을 어떻게 발휘해야 할지 모르기 때문입니다. 그러므로 역시 행동이 필요합니다.

그런데, 행동은 뭐든 바꾼다고 되는 것이 아닙니다. 바꾸지 않음으로써 오히려 진짜 사랑을 관철할 수도 있습니다.

예를 들어, 제 아내는 아직도 돈에 대한 멘탈 블록(스스로 만든 정신적인 장벽-옮긴이)이 있습니다. 그래서 "그 멘탈 블록, 내가 깨줄까?"라고 물으면 이렇게 대답합니다.

"깨지 않아도 돼. 당신 일이 안정적이지 않으니 나까지 멘탈 블록을 깨버리면 수습하기 어려울지도 몰라. 나는 돈을 그렇게 쓰고 싶지도 않고 앞으로 내 행동도 변하지 않겠지만, 당신은 성장을 위해 필요하다면 필요한 만큼 돈을 써도 좋아."

행동을 바꾸는 것이 사랑이라면, 바꾸지 않는 것도 사랑입니다.

Y·M씨(비즈니스 컨설턴트)

아르바이트 일을 그만두고 창업해 반년 정도가 지났을 때쯤 모게 씨를 만났습니다.

노하우를 배워 창업한 지 6개월 만에 40만 엔 정도의 매출을 올렸지만 그 후 갑자기 무기력해졌고, 이유도 모른 채 어쩔 줄 몰라 하는 상태였지요. 그런 상태는 석 달 동안 이어졌고 매출은 그 사이 제로 상태가 되어 있었습니다.

어떻게든 문제를 해결하고 싶어 고수익을 올리는 컨설턴트에게 배우고 지도도 받았지만, 매출에는 도움이 되지 않았습니다. 결국 다 포기하고 다시 아르바이트를 해야 할지 진지하게 고민하던 시기였습니다.

모게 씨를 만나게 된 계기는 여성 창업가와의 콜라보 세미나였습니다. 한 여성 창업가에게서 자신을 극적으로 변화시킨 것이 모게 씨였다는 말을 듣고, 권유를 받아 곧바로 세미나에 참가하기로 결심했습니다. 어떻게 해서든 내가 처한 상황을 바꾸고 싶었거든요.

그리고 세미나 당일.
모게 씨의 첫인상을 떠올리자면 '부자인데 친절한 사람' 같았습니다.
그전까지 조언을 받았던 컨설턴트는 상당한 부자였지만 어딘지 모르게 위압감을 주었기 때문에 사람을 편안하게 대하고, 진심으로 행복하게 웃는 모게 씨를 보고 깜짝 놀랐습니다. 그리고 더욱 충격적인 깨달음은……!
질문할 기회가 주어졌을 때 나는 이렇게 물었습니다.
"16년 동안이나 공부했는데, 나는 왜 행복한 부자가 될 수 없을까요?"
그 질문에 모게 씨는 딱 한마디로 답했습니다.

"행복한 부자에게 배우지 않았기 때문이지요."

순간 지금까지의 노력이 모조리 물거품이 된 듯한 충격과 깨달음이 찾아왔습니다.

사실 나는 자신의 모델링* 능력에 자신이 있었습니다. 성공한 사람과 똑같이 행동하면 똑같이 성공할 거라는 점도 이해하고 있었습니다. 그래서 크게 성공한 부자 컨설턴트에게 배우고 있었던 것입니다. 그런데도 문제는 해결될 기미가 보이지 않았습니다.

그 이유는 '모델링 대상이 잘못되어 있었기 때문'이었습니다.

물론 성공한 부자에게 배우고 있었지만 돌이켜 생각하면 그는 왠지 모르게 힘들어 보였다고 할까, 무리하고 있는 듯한 느낌이었습니다……. '애당초 전제가 잘못돼 있으면 행동해도 성과를 내기 어렵다'라는 커다란 깨달음을 얻었지요.

세미나 다음날.

그때까지 무려 석 달 동안이나 수입이 제로였는데, 손쉽게 세미나 비용을 회수할 정도의 매출을 올렸습니다!! 그리고 다음 달에는 처음으로 매출 150만 엔, 그 다음 달에는 300만 엔을 넘었지요.

---

* 심리학에서 사용하는 용어. 대상 인물(모델)을 표본으로 하여 그 동작과 행동을 보고, 같은 동작이나 행동(모방, 흉내)을 하는 것을 말하며, 모델링을 통해 학습 효과와 성장을 이룰 수 있다.

그 후로도 물론 월 일곱 자릿수가 넘는 매출을 지속적으로 달성했고, 모게 씨를 만나고 1년이 채 지나지 않아 월매출 500만 엔을 달성! 최대 월매출은 550만 엔을 기록했습니다.

제4장

진짜 행복한
부자가 되는
습관

가난한 사람 vs 부자의 습관의 차이 1

가난한 사람은
모두와 사이좋게 지내려 하고
부자는
교제할 사람을 확실하게 정한다.

학교에서는 아이들에게 '모두 사이좋게 지내라!'고 가르치지만, 정작 그렇게 말하는 선생님들도 사실은 모두와 사이가 좋은 것은 아닙니다.

집에 가면 부모가 "저런 아이와는 가까이 하면 안 돼!"라고 합니다. 도대체 어느 쪽 말을 들어야 할지 아이는 헷갈립니다.

우리 머릿속에는 부지불식간에 '모두와 사이좋게 지내야 한다'라는 생각이 박혀 있습니다. 하지만 심술궂은 사람과 가까이하다 보면 당신까지 심술궂은 사람이 되어버립니다.

많은 성공자들의 공통점은 '어떤 사람과 교제할지 명확히 정하고 있다'라는 것입니다.

삶에서 고전하는 사람은 '자신을 싫어하는 사람에게 호감을 사는 방법'을 고민하지만, 그것은 스스로를 피폐하게 만들 뿐 별 효과가 없습니다.

한 사람한테 미움을 받는다고 그렇게 걱정할 필요는 없습니다. 세상에는 아직 70억 명이 넘는 사람이 남아 있으니까요. 그보다는 나를 좋아해주는 사람을 어떻게 행복하게 해줄지 생각하는 편이 훨씬 즐겁고 행복합니다.

그리고 이때 '누구의 이야기를 들을지'도 중요합니다.
실패하는 사람은 모두의 의견에 귀 기울이다가 결국에는 자신의 의견과 마음을 억누르거나 묵살해버립니다. 그래서 성공하면 이번에는 주위의 칭찬과 함께 비판이 쏟아집니다. 그것들을 전부 곧이곧대로 집어삼키면 중심이 자꾸 흔들려 결국에는 무너져버립니다.

그런 의미에서 어떤 조언자를 선택할지도 매우 중요합니다.
참고로 말씀드리면 현재 저의 유일한 조언자는 아내입니다.
그렇게 말하면 아내가 '굉장히 뛰어난 사람'이라고 생각하실지 모르겠는데, 사실 '오사카부는 무슨 현?'(오사카부는 현에 속해 있지 않고 자체로 한국의 광역시에 해당합니다-옮긴이)'이냐며 진지한 얼굴로 묻는 엉뚱한 사람입니다.

그렇지만 아내는 나를 나보다 더 이해해주고, 파트너로서 흔들림이 없는 든든한 조언자입니다. 아내가 좋은 조언자라면 가정도 화목해져 일석이조의 효과를 얻을 수 있습니다.

진짜 행복한 부자가 되는 습관 1

모두에게 사랑받기 위해 애쓰지 말고
나를 좋아해주는 사람을 소중히 하라.

가난한 사람 vs 부자의 습관의 차이 2

가난한 사람은
상황에 따라 표정을 바꾸고
부자는
항상 웃는다.

얼마 전 택시를 탔는데, 기사분이 매우 인상적이었습니다.

이야기를 들어보니 '하루 일하고 하루 쉬는' 패턴으로 근무하는데, 휴일에는 항상 서핑을 한다고 했습니다. 벌써 서핑 경력이 30년이 되었다는데, 햇볕에 그을려서인지 실제 나이인 64세보다 젊어 보였습니다.

아파트에서 나오는 임대료로 생활하며 택시 운전은 용돈 벌이라고 했습니다. 자녀는 없고, 가족은 아내와 애견뿐이어서 먹고사는데 지장이 없다고 하더군요. 아내는 전업 주부인데(그의 말에 따르면 전업 주부라기보다는 전업 TV 시청자고 친구는 감자칩이랍니다) 남편이 쉴 때는 항상 아침부터 서핑 세트를 확실히 챙겨놓는다고 합니다.

기사는 기쁜 표정으로 말했습니다.

"아마도 아내는 '서핑만 하게 해주면 저 양반은 행복할 것'이라고 생각하는 것 같아요."

"그렇지 않습니까?"

"아니, 약 오르지만, 사실입니다."

서핑에는 오픈카(약 2,000만 엔)를 타고 간다면서, 사진을 보여주며 그는 이렇게 말했습니다.

"나는 서핑과 오픈카와 아내와 개만 있으면 언제나 행복합니다. 그중 하나라도 빠진다면 죽는 편이 낫다고 생각할 정도예요."

그리고 이런 이야기도 덧붙였습니다.

"살고 있는 아파트가 지은 지 20년이 돼 내년쯤에는 전체적으로 새단장할 계획이었는데, 택시 운전을 한 지 25년이 되니 내년부터 연금을 준다네요. 덕분에 아파트 수리비가 생겼어요. 손님께만 말하지만, 나는 옛날부터 돈이 부족했던 적이 없어요. 주위에서도 항상 돈에 여유가 있는 이유가 뭐냐고 묻습니다."

"그 비밀은 저도 궁금한데요."

"난 항상 이렇게 답합니다."

그는 이렇게 가르쳐주었습니다.

"음, 글쎄 잘 모르겠어."

'정말 모르냐'며 더 캐묻고 싶었지만, 택시 안에서의 짧은 10분간의 이야기였음에도 그 비밀을 알 수 있을 것 같았습니다. 그의 얼굴에서 웃음이 떠나지 않았으니까요.

진짜 행복한 부자가 되는 습관 2

늘 웃는 사람 중에
불행한 사람은 없다.

가난한 사람 vs 부자의 습관의 차이 3

가난한 사람은
인내하거나 희생해서 무언가를 얻으려 하고
부자는
오직 즐거운 일, 하고 싶은 일에 집중한다.

두 남자의 대화입니다.

"담배를 피워도 될까요?"
"그럼요. 그런데 하루에 몇 개비 정도 피우시나요?"
"두 갑 정도요."
"담배를 피우기 시작한 지는 얼마나 되셨나요?"
"30년 정도 됐습니다."
"그렇군요. 저기에 벤츠가 주차되어 있네요."
"그러네요."
"만약 당신이 담배를 피우지 않았다면 저 차 정도는 샀을 겁니다."
"저 벤츠는 제 차입니다만."
"……."

짤막한 에피소드지만 실제로 이런 일은 자주 있을 것입니다.
담배는 '백해무익'하다 할 정도로 건강에 해로운 데다가 담뱃값도 매년 오릅니다. 그렇게 쓸데없는 것에 돈을 쓰지 말고 그 돈을 저축

하면 고급차를 살 수 있다는 것도 정론입니다.

하지만 실제로는 담배를 피워도 건강한 사람이 있고, 고급차를 타면서 담배를 피우는 사람도 많습니다.

'○○을 손에 넣으려면 △△을 그만둬라'라거나 '○○을 위해서는 □□을 참아야 한다'라는 식의 발상은 스트레스를 해소하기 위해 새로운 스트레스를 낳을 수 있습니다. 그보다는 하고 싶거나 좋아하는 일을 습관화하면 불필요한 일은 자연스럽게 도태되게 마련입니다.

어떤 일을 그만두거나 참는 데 힘을 쏟기보다, 하고 싶거나 좋아하는 일에 최선을 다하는 편이 월등히 생산성이 높습니다.

진짜 행복한 부자가 되는 습관 3

'나도 주위도 즐거운 일'을 습관화하면
자연스럽게 풍요로움과 행복은 항상 따라온다.

가난한 사람 vs 부자의 습관의 차이 4

가난한 사람은
자신에게 주는 것은 뭐든 받고
부자는
자신에게 필요한 것만 받는다.

어떤 책에서 읽은 내용인데 수입이 높은 사람일수록
'자신을 아주 좋아하고' '쉽사리 행복을 느낀다'고 합니다.

그렇다면 수입이 낮은 사람은 어떨까요?
'쉽게 상처받는' 경향이 있다 합니다.
상처받기 쉽고 돈까지 없다니, 정말 최악입니다.

그럼 상처받지 않으려면 어떻게 해야 할까요?
기본적으로 사람은 본인이 생각하는 '문제'를 상대에게도 적용하려고 합니다. 예를 들어 '일하지 않는 사람은 올바른 삶을 살고 있는 게 아니야'라고 생각하는 사람은 니트족(일하지 않고 일할 의지도 없는 청년 무직자-옮긴이)에 대해 "밖에 나가 성실히 일하지 않으면 제대로 된 인간이 될 수 없어"라고 말합니다. 그러므로 만약 니트족인 당신에게 '제대로 된 삶을 살고 있지 않은 인간'이라고 비난해도 상처받을 필요는 없습니다.
'그렇군, 이 사람은 밖에서 일하지 않으면 정상적인 삶이 아니라고 생각하는구나. 그렇다면 전업주부는 뭐지? 전업주부에게 사과해야 하는 거 아닌가!'라고 생각해버리세요. 굳이 상처받을 일도 아니니까요.

험담이나 비판은 자신이 받아들이지 않으면 그것을 뱉은 사람에게 되돌아갑니다. 그러므로 못 들은 척하든지, 어쨌거나 받아들이지 않으면 그뿐입니다. 그럼 그 모두가 뱉은 사람에게 되돌아가니까요.
부탁하지도 않은 짐이 도착해 당신을 가난하게 만들다니 정말 말도 안 되는 이야기잖아요!
그러니 오늘부터 당신의 우체통에 '고수입 짐 전용'이라고 써두세요.

진짜 행복한 부자가 되는 습관 4

자신에게 불필요한 것은 받지 말고
자신을 행복하게 하는 것만 받아라.

가난한 사람 vs 부자의 습관의 차이 5

가난한 사람은
내일 할 일을 생각하면 우울해지고
부자는
내일 할 일을 생각하면 두근거린다.

"두근두근 가슴 설레는 일을 하면 성공한다"라고 하지요. 하지만 많은 사람이 '두근두근 설레고는 있지만' 성공은 못하고 있습니다. 이유가 뭘까요?

간단히 말하면 '진심으로 설레는지', '두근거리는 설렘을 믿고 있는지'가 문제입니다.

예를 들어 용하다고 소문난 점쟁이에게서 "당신에게 내일 운명의 상대가 나타날 것입니다. 하지만 첫인상이 나쁘면 그 행운을 놓쳐버릴 거예요"라는 말을 들었다고 합시다. 당신은 어떻게 하시겠습니까?

분명 '어떤 사람과 만나게 될까' 두근두근 설레는 마음으로 '옷은 뭘 입을지, 헤어스타일은 어떻게 할지' 고민하고, '말을 조심하자'거나 '상냥하게 대하자'라고 생각할 테고, 실제로 그렇게 행동하겠지요. 물론 평상시에도 옷차림이나 머리 모양에 신경 쓰고, 올바른 말씨나 상냥한 태도를 갖추는 것이 필요하다는 것은 알고 있지만 좀처럼 실천하지 못합니다.

하지만 '내일 운명의 상대를 만날 것'이라고 하면 그것이 가능해지지요. 그것은 역시 믿고 있기 때문입니다.

행복한 성공을 계속 누리는 사람은 모든 만남에 의미가 있다고 믿습니다. 그래서 평상시에도 옷매무새와 머리 모양, 올바른 말씨로 누구에게나 항상 상냥하게 대합니다. 그것이 습관으로, 당연한 행동으로 몸에 배 있는 것이지요.

두근두근 가슴은 설레는데 성공하지 못하는 사람일수록 일에 도움이 되는 책은 읽지 않고, '어떻게 하면 성공과 행복을 끌어당길 수 있을까' 하는 책만 읽습니다.

하지만 정말 성공한 사람은 자신이 행운을 끌어당길 수 있다고 믿기에 반드시 끌어당긴 후의 일을 생각합니다. 그에 대비하여 비즈니스 관련 공부를 하거나 그에 도움이 될 책을 평상시에도 즐겨 읽습니다.

결국 미래의 행복과 성공을 믿지 않는 사람이든 믿는 사람이든, 모두 똑같이 평상시의 마음가짐이 행복과 성공을 끌어당기는 것입니다.

진짜 행복한 부자가 되는 습관 5

미래의 행복과 성공을 믿고
자신에게 도움이 되는 습관을 들여라.

가난한 사람 vs 부자의 습관의 차이 6

음식이 남으면

가난한 사람은
'남기면 아깝다'면서 먹어치우고
부자는
'억지로 먹을 필요는 없다'면서 남긴다.

저는 저녁 모임 장소로는 반드시 일류 레스토랑을 선택합니다. 그편이 요리도 맛있고, 일류 레스토랑의 서비스를 경험할 수 있으니까요.

하지만 요리는 거의 먹지 않습니다. 사실 이야기에 빠져 별로 먹지 못합니다. 참가자들은 그런 모습을 보고 "아깝지 않습니까?"라는 질문을 자주 합니다.

물론 음식을 남기면 아깝습니다. 하지만 그런 자리에서 제게는 남은 음식보다 모두와 나누는 대화가 더 가치가 있습니다. 그래서 음식을 남겨도 별로 아깝다는 생각이 들진 않습니다. 오히려 많은 돈을 들여 맛있는 음식(내용물은 지방과 당)을 배불리 먹고 살이 쪄서는 더 많은 돈을 들여 살을 빼는 일이 더 낭비라고 생각합니다.

사람들은 흔히 '음식을 남기면 아깝다'라거나 '편식을 해서는 안 된다'라고 말하는데, 저는 옛날부터 그 말에 의문을 느꼈습니다.

저는 어린 시절 1년에 한 번 설날에만 새 옷을 입을 수 있는 가난한 환경에서 자랐습니다. 그처럼 가정형편이 어려웠지만, 부모님은

'차려진 음식을 억지로 다 먹지 말라'고 가르치셨습니다. 그 덕분인지 저는 어렸을 때부터 가리는 음식이 많았고, 초등학교 때는 점심시간에도 나가 놀지 못하고 급식을 다 먹기 전까지 교실에 혼자 남아 있어야 했던 아이였습니다(그래도 결국 다 먹지 않았습니다……).

어른이 된 지금도 편식은 여전합니다. 그래도 그 때문에 곤란했던 적은 없습니다. 그러므로 음식을 남겨도 전혀 아까워하지 않습니다.
그보다는 자신이 갖고 태어난 재능을 사용하지 않는 편이 훨씬 아까운 일입니다.
'음식을 하찮게 여겨서는 안 된다'라고 생각하는 것 이상으로 '내 재능을 하찮게 여겨서는 안 된다'는 사실을 명심하세요. 그럼 행복과 성공을 자연스럽게 손에 넣을 수 있습니다.

진짜 행복한 부자가 되는 습관 6

음식을 하찮게 여기지 않는 것보다
재능을 하찮게 여기지 않도록 명심하라.

가난한 사람 vs 부자의 습관의 차이 7

가난한 사람은
인간관계에 스트레스를 느끼고
부자는
스트레스를 느끼는 인간관계에서 졸업한다.

'인간관계에서 스트레스는 당연하다'라고 생각하는 사람이 많을 것입니다.

하지만 인간관계의 스트레스는 없앨 수 있습니다.

어떻게 하면 될까요?

'문제가 있는 인간관계에서 졸업'하는 습관을 들이면 됩니다.

저는 '좋은 사람'과 '나쁜 사람'이 있는 것이 아니라 한 사람 안에 '좋은 부분'과 '나쁜 부분'이 있다고 생각합니다. 그러므로 자신의 '나쁜 부분'을 드러내는 인간관계에서는 한시라도 빨리 졸업하고 빠져 나가면 될 일입니다.

그렇게 졸업해버리면 '좋은 부분'을 드러내는 인간관계만 남게 됩니다. 그러면 그때부터는 아주 편해집니다. 이제 당신을 나쁘게 말하는 사람은 사라지고 없으니까요. 그런 사람이 사라지면 가슴이 후련해지고, 스스로에게 자신감이 생겨 자신을 좋아하게 될 것입니다.

개중에는 '그렇더라도 회사 같은 곳에서의 인간관계는 어쩔 수 없는데……'라고 생각하는 사람도 있을 겁니다. 그 인간관계에서 졸업하기 어렵거나 빠져 나갈 수 없다면 '아직 그곳에 배울 것'이 남아 있는 것입니다. 그 또한 모처럼의 기회이니 충분히 배워 성장하세요.

'졸업해버리거나 빠져 나갈 수는 있지만, 그건 현실 도피가 아닌가' 하는 걱정도 있을 수 있지요. 그래도 괜찮습니다.
 실제로 그것이 현실 도피였다면 나중에 반드시 같은 문제에 직면하게 될 테니 그때 제대로 배우면 될 일입니다. 그러므로 도망갈 수 있을 때는 망설이지 말고 도망칩시다!

 힘든 상황에 있는 사람일수록 문제를 혼자 끌어안고 괴로워합니다. 그러다 주위사람에게 신경질적이 되는 사람도 있습니다.
 하지만 그 문제가 정말 당신이 끌어안고 고민해야 할 문제일까요?
 혹시 쓸데없이 고민하고 있는 것은 아닌가요?

 세상에는 당신의 좋은 부분을 이끌어내 줄 사람이 많습니다.
 앞으로 그런 사람들하고만 교제한다면 매일이 굉장히 즐거워지겠지요.

진짜 행복한 부자가 되는 습관 7

'나쁜 부분'을 드러내는 사람은 멀리하고
'좋은 부분'을 드러내는 사람과 교제하라.

가난한 사람 vs 부자의 습관의 차이 8

가난한 사람은
상대방의 취향에 자신을 맞추고
부자는
자신을 좋아하는 사람과 사귄다.

'습관을 바꾼다'라고 하면 뭔가 특별한 습관을 들이는 것으로 생각합니다만, 있는 그대로의 자신을 습관화하는 편이 더 좋을 수도 있습니다. 특히 인간관계는 상대에 따라 자신을 바꾸기보다는 있는 그대로의 자신과 사귈 수 있는 사람과 함께하는 편이 훨씬 편하고 즐겁습니다.

종종 '나는 관심 없는 사람한테는 인기가 있는데, 내가 정말 좋아하는 사람에게는 전혀 인기가 없다'라는 말을 들을 때가 있습니다. 이런 사람은 있는 그대로의 자신이 더 멋지고 매력적인데도 불구하고, 정말 좋아하는 사람 앞에서는 자신을 편안히 드러내지 못한 채 '상대방의 취향'에 맞추려 애씁니다.

예를 들어, 자신이 매우 좋아하는 여성이 기무라 타쿠야(일본의 배우-옮긴이)의 팬이라고 합시다. 그녀의 마음에 들고 싶은 마음에 기무라 타쿠야와 같은 헤어스타일을 하고, 드라마 속의 배역처럼 서핑보드를 잡고 서서 "잠깐 기다려"라면서, 만날 때마다 전혀 닮지 않은 그를 흉내 낸다면 어떻게 될까요? 충분히 상상할 수 있는 상황이 벌어질 겁니다. 그랬다가는 좋아하는 사람의 마음을 사로잡기는커녕 "재수 없어"라는 한마디와 함께 끝나버릴 것입니다.

인기 있는 사람의 습관을 들이는 것도 효과적인 수단일지 모릅니다. 하지만 그래서 있는 그대로의 자신을 드러내지 못하게 된다면 주객이 전도된 것이나 다름없습니다.

상대의 취향에 맞춰주어 좋아하는 사람과 사귀게 되고, 마침내 결혼까지 성공하더라도 계속 진정한 자신을 속이면서 결혼 생활을 할 수는 없을 것입니다. 계속 함께 지내다 보면 반드시 본 모습이 드러나게 마련이니까요.

본래의 당신, 있는 그대로의 당신을 인정하지 않는 상대와는 분명 결혼 생활을 오래 유지할 수 없습니다.

따라서 당신은 당신답게 살면 됩니다. 당신답게 살았다는 이유로 상대에게 거부당했다면 당신에게는 더 잘 어울리는 멋진 상대가 있는 것입니다.

괜찮습니다.
남자건 여자건 이 세상에는 35억 명이나 있으니까요.

진짜 행복한 부자가 되는 습관 8

언제나 있는 그대로의 자신으로 사귈 수 있는
상대를 찾아라.

가난한 사람 vs 부자의 습관의 차이 9

가난한 사람은
"어떻게 하면 성공할까요?"라고 묻고
부자는
"오늘부터 어떤 습관을 들이면 성공할까요?"
라고 묻는다.

어떤 질문을 하느냐는 매우 중요합니다.

질문 방법이나 내용으로 그 사람이 성공할지 어떨지를 대략 알 수 있습니다.

예를 들면 이런 질문을 자주 받습니다.

"어떻게 하면 성공할까요?"

언뜻 별 문제없는 질문 같아 보입니다. 하지만 이 질문을 한 이들 중에 성공한 사람을 별로 보지 못했습니다. 그렇다면 성공하기 쉬운 사람은 어떤 질문을 할까요?

"오늘부터 어떤 습관을 들이면 성공할까요?"

무엇인가를 습득하기 위해서는 당연히 시간이 필요합니다. 비즈니스나 다이어트도 마찬가지죠. 뭔가를 한 번 시도했다고 해서 당장 성공할 수는 없습니다. 그러므로 무엇을 습관화할지가 매우 중요합니다.

저는 항상 일류 호텔에 묵는데, 고급 호텔일수록 이른 아침 헬스클럽이나 수영장은 사람들로 붐빕니다. 거의 6시 반이면 이미 사람들로 북적거립니다. 그런 고급 호텔에 오는 유명인사나 기업가들은 아침부터 몸을 충분히 움직이고, 그 후 에너지를 총동원해 일합니다. 그래서 아침부터 한숨을 쉰다든가 표정이 어두운 사람은 없습니다.

부자나 일을 잘하는 사람일수록 시간을 매우 소중히 생각합니다. 성공자들의 습관에는 반드시 깊은 의미가 있지요. 따라서 그들의 습관을 흉내 내 자기 습관으로 만드는 방법은 매우 효율적인 '성공법'이라고 할 수 있습니다.
부자라면 절대로 하지 않을 듯한 그런 행동을 하면서 '성공하고 싶다'고 말하는 것은 도쿄에서 오사카로 가고 싶은데 도호쿠 신간선을 타는 것과 마찬가지입니다. 그래서는 아무리 노력해도 목적지에 도착할 수 없습니다.

길은 역시 그 길을 알고 있는 사람에게 묻는 것이 가장 효과적입니다. 똑같이 길을 잃은 사람에게 묻거나 그 사람의 뒤를 좇는다면 결국 똑같이 길을 잃고 헤매게 될 뿐이니까요.

진짜 행복한 부자가 되는 습관 9

재능에는 두 가지 패턴이 있다.
하나는 타고난 재능,
다른 하나는 습관으로 만든 재능이다.

가난한 사람 vs 부자의 습관의 차이 10

가난한 사람은
노력하면 안 될 것이 없다는
정신론에 집중하고
부자는
일류 전문가와 상담해서
즉시 실행한다.

예전에 묵고 있던 호텔의 헬스클럽을 갔을 때의 일입니다.

처음 만난 트레이너에게 두 달 후 하와이 여행에 대비해 체력을 키우고 싶다고 말했더니 가슴 근육을 만들라며 벤치 프레스를 권유했습니다. 그래서 1년 정도 헬스클럽에 다녔다는 사실, 벤치 프레스는 계속 47.5킬로그램을 들다가 전 주에 겨우 52.5킬로그램을 들 수 있게 되었다고 말해주었습니다.

그러자 그 트레이너는 "그럼, 오늘은 60킬로그램에 도전해봅시다!"라고, 아무렇지도 않게 말하는 것이었습니다.

내 얘기를 제대로 듣긴 한 거야? 내심 걱정되면서도 자세에 관한 꼼꼼한 지도와 마음가짐 등에 대해 3분 정도 강습을 받고 바벨을 들어 올렸습니다. 그런데 놀랍게도 단숨에 60킬로그램 클리어!

깜짝 놀라는 내게 트레이너는 의기양양한 표정으로 "모게 씨의 체격 정도면 꾸준히 운동할 경우 두 달 안에 거의 60킬로그램을 들 수 있어요. 다만, 노력만으로는 부족하지요. 근력 운동은 자세(방식)와 정신(마음가짐) 양쪽 모두 중요하니까요"라고 말했습니다.

실제로 그 트레이너는 대단하다고 생각합니다. 그동안 1년 가까이 여러 트레이너에게 지도를 받아왔지만, 그렇게 정확한 지도는 처음이었습니다.

이 경험 덕분에, 성과를 내기 위해 무엇이 필요한지 새삼 깨닫게 되었습니다.

비즈니스도 근력 운동과 거의 마찬가지입니다.

자세(방식)와 정신(마음가짐) 양쪽 모두 중요합니다.

그런데 실패하는 사람은 '노력하면 안 될 것이 없다'라는 정신론에 집중합니다.

애당초 누구나 노력하면 성공할 수 있다면야 세상 사람들 대부분이 성공했겠지요. 하지만 안타깝게도 그 사실을 깨닫지 못하는 사람이 많습니다.

그러므로 지금 고전하고 있다면, 우선 현실에서 도망치지 말고 진지하게 자신의 자세(방식)와 정신(마음가짐)을 재점검해보세요. 그리고 혼자서는 답을 찾기 어렵겠다면 전문가에게 물어보는 겁니다. 이때에도 아무나가 아니라, 내게 도움이 되고 지도를 통해 성과를 낼 수 있는 사람을 선택해야 합니다.

진짜 행복한 부자가 되는 습관 10

고전할 때는
자세와 정신
양쪽을 모두 재점검하라.

**부자가 되는 놀라운 변화! 모게 칼럼 4
나를 변화시킨 습관**

바닷물을 손바닥으로 퍼 올리기는 쉽지만 그 물을 손바닥에 모아두기는 어렵습니다. 그와 마찬가지로 돈을 벌 수는 있어도 계속해서 벌기란 쉽지 않은 일입니다. 그를 위해서는 역시 돈을 버는 습관을 들이는 것이 중요합니다.

저 자신도 항상 세 가지 습관을 지키기 위해 노력합니다. 이른바 '행복한 부자의 규칙'입니다.

첫째, 다른 사람을 탓하지 않는다
둘째, 언제나 좋은 기분으로

셋째, 낙감대학樂感大學에 입학한다

첫째, 다른 사람을 탓하지 않는다는 것은 자신에게 일어나는 모든 일에는 의미가 있음을 알고, 그것을 배움으로 바꿔간다는 뜻입니다.

내 주변에서 생기는 모든 일이 '내 책임'이라고 생각하면 무슨 일이 생겨도 의심소침하거나 실망하지 않을 것입니다. 다른 사람을 탓하는 사람은 행복이나 성공을 다른 사람에게 맡긴 것과 마찬가지입니다. 그러면 영원히 자기 자신의 행복도 성공도 이룰 수 없습니다.

타인을 바꿀 수는 없습니다. 바꿀 수 있는 것은 오직 자신뿐. 내게 일어나는 일을 다른 사람의 탓으로 돌리지 않고 100퍼센트 자기책임으로 받아들이면, 행복도 성공도 100퍼센트 자신이 컨트롤할 수 있습니다.

둘째, '언제나 좋은 기분으로'란 '다른 사람을 탓하지 않는다'와 같은 뜻입니다.

상대의 기분에 휘둘리면 내 행복과 성공도 상대에게 휘둘립니다. 기분은 '향수'처럼 상대에게 전해집니다. 기분이 안 좋은 사람과 함께 있으면 어느새 내게도 그 좋지 않은 기분이 옮아옵니다. 그렇게 되지 않기 위해 언제나 즐거운 기분을 유지할 수 있다면 반대로 상대를 기분 좋게 만들어 호감을 사고 감사를 받습니다.

좋은 향수는 좋은 남자, 좋은 여자를 끌어당기지만 나쁜 냄새는 나쁜 것만 끌어당깁니다. 향기가 좋고 아름다운 꽃에는 아름다운 나비가 모이고, '똥'에는 파리가 꼬이는 것과 같은 이치겠죠.

셋째, '낙감대학樂感大學에 입학한다'에 대해서는 설명이 조금 필요합니다.

'행복한 부자의 4가지 요소'라고 할 수 있는 이것은 4가지 용어를 가리킵니다.

'낙樂'은 즐거움으로, 항상 즐겁게, 즉 일어난 사건을 즐기는 것입니다.

'감感'은 감사함으로, 감사하는 마음을 언제나 잃지 않는 것입니다.

'대大'는 소중히 여기는 마음으로, 사랑하는 사람을 소중히 대하는 것입니다. 가까운 사람일수록 무심코 소홀히 하게 마련이니까요.

마지막의 '학學'은 배움으로, 항상 배우는 자세로 임하면 어떤 곤란한 일이 일어나도 그 일을 통해 반드시 성장할 수 있습니다.

결국 습관이 인간을 만듭니다. 좋은 습관은 건강을 유지하고, 인간관계와 경제도 좋게 만듭니다. 반면, 잘못된 습관은 병을 부르거나 불행 혹은 빈곤을 불러옵니다. 그런 관점에서 보면 병이나 불행, 빈곤은 '잘못된 습관'이라는 신호일지도 모릅니다.

한번 습관이 되면 그것을 바꾸기란 매우 어렵습니다. 습관적인 일을 하면 안심이 되지만, 그것을 바꾸려 들면 불안해지기 때문이지요.

저도 그런 경험이 있습니다. 비즈니스가 순조롭게 진행되면서 매출은 성장했지만, 왠지 성장에 한계를 느끼던 시기가 있었습니다. 그때 알고 지내던 몇몇 부자들에게 지적을 받았는데, 모두 이구동성으로 지금의 고객을 전부 끊으라고 얘기했습니다. 그 밖에도 같은 지적을 해준 목소리가 있었습니다. 저는 그것을 '하늘의 음성'이라고 생각하는데, 그 목소리를 따르면 항상 성공을 거두었기 때문입니다. 하지만 그렇다고 고객 모두를 끊을 수는 없었습니다.

지금의 고객을 모두 끊으면 수입이 제로가 되어버릴 텐데, 특히 당시는 임신 중인 아내가 일을 쉬고 있을 때였으니까요. 따라서 그 얘기인즉, 모든 수입원을 버리라는 뜻이었습니다. 하지만 고심 끝에 결과적으로 저는 그 부자들의 의견과 하늘의 음성에 따라 그때까지의 고객을 전부 끊었습니다.

그래서 어떻게 되었냐고요? 끊어낸 만큼 새로운 고객을 얻었고, 심지어 이전보다 훨씬 높은 매출을 달성할 수 있었습니다.

동물과 달리 인간은 언제라도 습관이나 삶의 방법을 바꿈으로써 자기 자신을 바꿀 수 있습니다.

부자가 되는 놀라운 변화! 체험담 4
나를 변화시킨 모게 씨의 말

N·U씨(여성 크리에이터)

　모게 씨와 만나기 전의 나는 돈과는 인연이 없는 생활을 하고 있었습니다. 뭔가 하고 싶으면 앞뒤 생각 없이 저지르는 유형이었기 때문에, 물론 좋아하는 일을 직업으로 삼고 있었지만 '그 대가로 경제적으로 궁핍한 생활을 해야 한다'라고 생각했던 것 같습니다.
　제 딴에는 죽어라 노력했지요. 하지만 수입이 늘기는커녕 빚만 불어났고, 특히 갑작스럽게 돈이 필요해 친구와의 해외여행을 사흘 전에 취소했던 것은 최악의 기억으로 남아 있습니다.

　모게 씨를 만난 때는 당시 근무하던 회사를 그만두고 싶어서 어떻게 하면 그만둘 수 있는지 조언을 들으러 갔던 것인데, 어쩌다 보니

파트너십에 관한 지적만 잔뜩 듣게 되었습니다.

그 부분에 관한 고민은 없다고 생각했기 때문에(애초에 파트너십에는 흥미가 없었던 게지요) '비즈니스에 관한 이야기를 들으러 왔는데, 어쩌다 파트너십이 주제가 되어버렸네……'라며 불만스러워했죠. 그런데 정작 해결해야 할 근본 과제는 바로 그것이었습니다.

이후 장기 그룹 강좌를 받고 나서 남편과의 관계가 극적으로 개선되었고, 멋대로 나를 가난한 사람으로 오해했던 남편이 세계에서 가장 물가가 비싸다는 영국에서의 생활비를 전부 책임져준 덕분에 영국으로 이주할 수 있게 되었고, 꿈도 못 꾸던 집도 샀습니다.

그 후 계속 일곱 자릿수의 월매출을 올릴 수 있게 됐고, 현재는 임신 7개월의 몸으로 자유롭게 여행하고 자유롭게 일하고 있습니다. 많은 여성에게 '결혼, 임신과 같은 라이프 스테이지가 바뀌어도 자유롭게 열심히 벌어라!'라는 희망의 메시지를 전하고 있지요!

모게 씨에게는 정말 많은 것을 배웠습니다. 그중에서도 역시 '행복한 부자'에 대한 배움이 가장 컸다고 생각합니다.

'행복한 부자'의 사고는 일반인과는 완전히 다릅니다. 그리고 그 차이는 정말 굉장히 중요합니다. 그 약간의 차이를 알아차리고 그것을 받아들이는 용기, '이 마인드가 없었다면 지금쯤 엄청 괴로웠겠다'라고 생각할 때가 많습니다.

일에 대한 마음가짐과 돈에 대한 생각, 실패와 성공의 개념, 곤란에 처했을 때의 사고, 파트너와의 관계 등 모게 씨에게 행복한 부자의 자세를 배운 덕분에 사는 것도 돈을 버는 것도 정말로, 정말로 매우 쉬워졌습니다!!

염원하던 월매출을 유지할 수 있고, 전보다 훨씬 시간적 여유도 생긴 지금의 생활이 꿈만 같습니다.

며칠 전에도 문득 깨달았습니다. '돈은 써도 사라지지 않는다'라는 개념이 내 안에 완전히 정착되어 있다는 깨달음이었어요. 오래전 이 말을 처음 들었을 때는 전혀 상상할 수도 없던 것입니다. 하지만 며칠 전 문득 아주 자연스럽게 '돈은 써도 사라지지 않는구나', 부족하다는 생각이 들어도 '곧 들어올 거니까 괜찮아'라고 생각하고 있다는 걸 깨달았습니다. 모게 씨에게 배운 '행복한 부자의 자세'가 어느새 습관화되어 완전히 내 것이 되었기 때문이지요.

한때는 전혀 이해할 수 없던 세계에 발을 들일 수 있어 지금은 꿈만 같습니다!!

정말 모게 씨에게는 감사하다는 말밖에는 할 말이 없어요!!

글을 마치며

　마지막까지 읽어주신 여러분, 진심으로 감사드립니다.
　본문에서도 언급했지만 행복한 부자가 되기 위해 가장 중요한 것은 '사랑'입니다.
　당신 안에 있는 사랑을 발휘하면 주위로부터 사랑받고 행복해집니다.
　당신 안에 있는 사랑을 발휘하면 돈의 흐름을 알 수 있고, 그것을 가질 수 있습니다.
　이 세상에 사랑이 없는 사람은 없습니다. 그리고 이 세상은 사랑을 배우기 위한 장소이며, 그를 위해 우리는 만물의 영장으로 태어났습니다.
　어린 시절 우리 집은 가난해서 설날이 아니면 새 옷 구경도 할 수 없었습니다. 뱃사람이었던 부친은 집에 거의 안 계셨고, 가족이 함께 모여 생일을 축하한 적도 거의 없습니다. 물론 선물 같은 걸 받은 적도 없고, 크리스마스에도 '우리 집에는 굴뚝이 없어서 산타클로스가 올 수 없으니 어쩔 수 없어'라고 웃으며 넘겼습니다.

하지만 그렇다고 저 자신이 불행하다고 생각한 적은 한 번도 없습니다. 저를 향한 어머니의 사랑이 언제나 넘칠 만큼 충분했기 때문입니다.

어릴 적에 어머니는 살고 있는 집을 고쳐 작은 가게를 운영했습니다. 전혀 돈벌이가 안 되는 가게였지요. 그것이 의아했던 나는 어머니께 여쭤봤습니다.

"벌이도 안 되는데 왜 집에서 가게를 하시는 거예요?"

그러자 어머니는 웃으며 답하셨습니다.

"아버지가 거의 집에 안 계시는데, 나까지 밖에 나가 일하면 너희가 집에 돌아왔을 때 아무도 없는 집에서 외롭지 않겠니? 그래서 너희를 항상 반겨줄 수 있도록 집을 고쳐서 가게를 연 거야. 아버지가 집에 안 계시고 가난하더라도 웃음이 끊이지 않는다면 걱정하지 않아도 돼. 나는 내 아이들을 절대로 슬프게 만들지 않기로 결심했단다."

그러던 어머니는 세 형제 중 막내인 제가 고등학생이 되자 가게를 정리하고 밖으로 일을 하러 다니셨습니다.

일을 마치고 귀가한 어머니께서 "아르바이트 일이 이렇게 편한 줄 몰랐구나. 정시에 퇴근하고, 급료도 꼬박꼬박 나오고······"라며 웃으시던 기억이 생생합니다.

제가 '행복한 부자'가 될 수 있었던 건 어머니가 끊임없는 애정을 주신 덕분입니다.

어머니, 정말 감사합니다.

하지만 제가 특별히 사랑받았기 때문에 성공한 것은 아닙니다. 누구에게도 사랑받지 못하고 자란 사람이란 없을 테니까요.

중요한 건 '나는 누군가에게 사랑받고, 그리고 누군가를 사랑하기 위해 살고 있다'라는 사실을 깨닫는 것입니다. 그것을 깨닫는다면 틀림없이 행복한 부자가 될 수 있습니다.

마지막으로 이 책의 판매 수익은 모두 코로나19 피해에 대한 지원에 사용된다는 점을 말씀드립니다.

당신이 더욱 행복해지기를 기원하며

모리세 시게토모

옮긴이_ 이민연
일본 루테르학원대학을 졸업하고 전문 번역가로 활동하고 있다. 옮긴 책으로《업무의 문제 지도》《친구가 뭐라고》《Design Thinking》《일본회의의 정체》《셰일가스 혁명》(공역)《아들러와 프로이트의 대결》《생선 요리의 과학》《요리를 대하는 마음가짐》《바쁜데도 여유 있는 살림 아이디어 31》등이 있다.

부를 끌어당기는 백만장자 마인드

초판 1쇄 발행일 2022년 3월 25일

지은이 모리세 시게토모
옮긴이 이민연
펴낸이 김현관
펴낸곳 율리시즈

책임편집 김미성
표지디자인 HaND
본문디자인 진혜리
종이 세종페이퍼
인쇄및제본 올인피앤비

주소 서울시 양천구 목동중앙서로7길 16-12 102호
전화 (02) 2655-0166/0167
팩스 (02) 6499-0230
E-mail ulyssesbook@naver.com
ISBN 978-89-98229-97-9 03190

등록 2010년 8월 23일 제2010-000046호

ⓒ 2022 율리시즈 KOREA

책값은 뒤표지에 있습니다.